泰山庙会

中国俗文化丛书

丛书主编 高占祥

刘慧 著

山东教育出版社

图书在版编目(CIP)数据

泰山庙会/刘慧著. —济南:山东教育出版社,2016
(中国俗文化丛书/高占祥主编)
ISBN 978－7－5328－9296－9

Ⅰ.①泰… Ⅱ.①刘… Ⅲ.①庙会—介绍—泰山
Ⅳ.①K892.29

中国版本图书馆 CIP 数据核字(2016)第 052101 号

中国俗文化丛书　　　　高占祥　主编

泰山庙会　　　　　　　刘　慧　著

出 版 人:刘东杰
出版发行:山东教育出版社
　　　　　(济南市纬一路 321 号　邮编:250001)
电　　话:(0531)82092664　传真:(0531)82092625
网　　址:www.sjs.com.cn
发 行 者:山东教育出版社
印　　刷:山东临沂新华印刷物流集团有限责任公司
版　　次:2017 年 2 月第 1 版第 1 次印刷
规　　格:787mm×1092mm　32 开本
印　　张:6.625 印张
印　　数:1—3000
插　　页:4 插页
字　　数:100 千字
书　　号:ISBN 978－7－5328－9296－9
定　　价:17.00 元

(如印装质量有问题,请与印刷厂联系调换)
印厂电话:0539－2925659

图1　泰山雄姿

图2 雄伟的南天门

图3 岱庙全景

图4 碧霞祠全景

图5 1912年岱庙天贶殿所祠
泰山神 （法国阿尔
伯·肯恩博物馆提供）

图6 唐摩崖——唐玄宗祭祀
泰山所留《纪泰山铭》

图7
山轿朝山（摄于
1912年，法国
阿尔伯·肯恩博
物馆提供）

图8
红门宫中的道士、和
尚（摄于1912年，
法国阿尔伯·肯恩博
物馆提供）

图9
20世纪初的泰山人家
（法国阿尔伯·肯恩
博物馆提供）

图10
唱大戏——当今泰山庙会一角

图12 烧香许愿

图11 打万民伞的香客

图13 拴红绳的泰山娃

中国俗文化丛书
编委会

中国俗文化丛书

主　　编：高占祥
执行主编：于占德
副 主 编：于培杰
　　　　　叶　涛
　　　　　刘德增

序

　　在中华民族光辉而悠久的历史传统文化中，俗文化占有十分重要的地位。它不仅是雅文化不可缺少的伴侣，而且具有自身独立的社会价值。它在中华民族的发展历程中，与雅文化一起描绘着中华民族的形象，铸造着中华民族的灵魂。而在其表现形态上，俗文化则更显露出新鲜、明朗、生动、活跃的气质。它像一面镜子，折射出一个民族、一个地区的风土人情和生活百态。从这个角度看，进一步挖掘、整理和发扬俗文化是文化建设的一项战略任务。

　　俗文化，俗而不厌，雅美而宜人。不论是具体可感的器物，还是抽象的礼俗，读者都可以从中看出，千百年来，我们的祖先是在怎样的匠心独运中创造出如此灿烂的文化。我们好像触到了他们纯正的品格，听到了他们润物的声情，看到了他们精湛的技艺。他们那巧夺天工的种种创造，对今人是一种启迪；他们那健康而奇妙的审美追求，对后人是一种熏陶。我们不但可从这辉煌的民族文化中窥见自己的过去，而且可以从中展望美好的明天。

俗文化，无处不在，丰富而多彩。中华民族，历史悠久，地大物博，人口众多，在长期的生活积淀中，许多行为，众多器物，约定俗成，精益求精。追根溯源，形成系列，构成体系，展示出丰厚的文化氛围。如饮食、礼俗、游艺、婚丧、服饰、教育、艺术、房舍、变迁、风情、驯化、意趣、收藏、养生、烹饪、交往、生育、家谱、陵墓、家具、陈设、食具、石艺、玉器、印玺、鱼艺、鸟艺、鸣虫、镜子、扇子等等，都是俗文化涉及的范围。诚然，在诸多领域里，雅俗难辨，常常是你中有我，我中有你，彼此交叉，共融一体；有的则是先俗而后雅。

俗文化，古而不老，历久而弥新。它在人们的身边，在人们的生活中，无时无刻不影响人们的思想、观念和情趣。总结俗文化，剔除其糟粕，吸收其精华，对发扬民族精神，增强民族自信心，提高和丰富人民生活，都具有不可忽视的意义。世界文化是由五彩斑斓的民族文化汇成的，从这个意义上讲，愈是民族的，就愈是世界的。因此，我们总结自己的民俗文化，正是沟通世界文化的桥梁。这是发展的要求，时代的召唤。

这便是我们编纂出版这套《中国俗文化丛书》的宗旨。

目 录

引 言

泰山，是中国的历史名山。上千年来，人们始终是将泰山作为一种精神的象征和寄托去认识它、对待它的。

泰山，同世界上任何一座名山的形成一样，滥觞于人类对大自然的崇尚，而泰山的魅力却在于它的历史与它民族的历史同步。于是，在大千世界中，任何一种文化事象一经与泰山结缘，也便多了一份荣耀、一份神圣。东岳庙会能走向全国，就是因了这一点。

庙会是因庙有会，庙却是因山而置。五行作用的结果，泰山有了东岳的称谓，泰山庙也叫做东岳庙。东岳只有一个，但是随着泰山影响的扩大，泰山神从泰山走向各地，祭祀泰山神的东岳庙也就从泰山扩展到了大江南北。特别是宋代以后，各地几乎均建有规模不同的东岳庙。因此说，东岳只有一个，而东岳庙却不止一个了。随着庙会的产生，东岳庙会便出现于全国各地。这东岳庙会就不是泰山庙会的专指了。也就是说，在这里东岳庙会与泰山庙会已不是一回事。

即使同在泰山，因信仰神主的差异，所形成的庙会的形式也有所不同。再就是同是与泰山信仰有直接关系的神祇，也有两位。一是东岳大帝，一是碧霞元君。并且，庙会的地点、时间也有一定的差异。所有这些，都是需要说明的。

在这里，《泰山庙会》只是以山为题，以庙说会。无论是信仰观念还是地域范围，均是以泰山为依托。具体到庙会信仰的主体，则是围绕东岳大帝（圣帝）和碧霞元君（泰山奶奶）展开。其所在的神宫——岱庙、碧霞祠等也就成为要表述的庙会活动的空间对象。亦即是说，本书是以东岳大帝、碧霞元君信仰所形成的庙会为主题的。

任何文化事象的发生，都不会是孤立的。因此，在本书中，试图把视野放得开阔一些，把庙会的信仰、发生过程及活动内容等，作为一个整体来探讨、来介绍。不妨把庙会活动放在泰山文化这个大背景中去认识、去把握，或许这样更有利于了解它的全貌。

让我们一起，对泰山庙会作一番考察吧。

一、从祭祀到庙中会

——庙会说源

庙会是以庙为活动空间的。因此一般认为，庙会是指在寺庙内（或其周围）所举行的一种集宗教、娱乐、贸易为一体的群众性集会活动，因有集市的某些特点，故而也称为庙市。庙会最大的特点在于它与一定的祭祀崇拜有关。从庙会发生、发展的特点看，宗教性祭祀活动是庙会产生的基础。因此，让我们先从与之相关的泰山信仰谈起。

（一）古老的大山　古老的信仰

对大山的崇拜，在世界各民族中都有着一定的历史渊源，但像泰山那样历史文化延续之长，宗教信仰影响之大，乃至能成为一个民族传统文化的象征，实不多见。

1. "登泰山而小天下"

在古人的眼里，泰山是一座最高最大的山。

早在二千多年前，我们的先哲就告诉人们"登泰山而小天下"（《孟子·尽心上》）。（图1）

现在旅游的人们，往往习惯于以海拔的高度去评价一座山

图1　泰山极顶——玉皇顶

在众山中的地位，但这在人们的视觉活动中不能不说是一种错误的判断。对山之高度的感受，不是也不可能是来自以海平面为基准的抽象判断，而只能是来自山体形象的直观感受，这也就是所谓的视觉思维。如以海拔高度而论，我国的青藏

高原平均海拔在4 000米以上，而泰山的最高峰玉皇顶才只有
1 545米，而在青藏高原你能感到高原上的任何一座山丘都比
泰山高吗？唐代大诗人杜甫《望岳》诗中有"会当凌绝顶，
一览众山小"的名句，这"众山小"，只能是"凌绝顶"的直
观感受，是视觉上"一览"的结果。高耸雄伟，拔地通天，是
泰山空间结构上的基本特征。(图2)

图2　南天门

这种小天下的气势，一是来自于它的相对高度，再就是
它与周围环境的强烈对比。(图3)

图 3　一览众山小

　　由于地学因素的作用，泰山具有较大的相对高度。泰山
脚下的泰城到山之主峰玉皇顶，在 6—7 公里的水平距离内，
相对高差竟达1 300—1 400 米，给人的是"高山仰止"的直观
感受；而在泰山周围，是较为平缓的丘陵平原，较高的山峰
也都低于泰山 300—400 米，泰山可谓是异峰突起。正如北京
大学泰山风景名胜资源综合考察组在《泰山地质概述》一文
中所称："从一幅局部放大的美国陆地卫星 MSS 图像可以看
到，方圆数十到百公里内，泰山一山独尊。"从山体的局部构
造来看，在泰山之阳分布有三大断层，由此形成泰山南坡陡
峻高拔的三大台阶式地貌，并且台阶高差对比强烈，使泰山

山体在形体的塑造上形成了凌空高拔，直冲云霄的气势。"泰山岩岩，鲁邦所瞻"（《诗经·鲁颂·閟宫》），就是在几千年前人们对泰山高耸雄伟形体的感受。

同样是受地质构造的影响，泰山又有着雄浑博大的形体特点。泰山的山阴、山左、山右相对平缓，构成层峦叠嶂、群岗众丘依附于泰山主峰的态势。这与山阳高耸挺拔的山体相对应，形成了泰山体量的厚重博大，给人以雄伟、稳固的心理感受，所以有"泰山如坐"的说法，同时又有了"重如泰山"、"稳如泰山"的种种比喻。古人有"五岳"、"九镇"的说法，"镇，安也，所以安四方"（《周礼·春官·大宗伯》注）。在古人看来，一州要有一山作为镇州之山，一国要有一山作为镇国之山，这就是所谓的"镇，名山安地德者也"（《周礼·夏官·职方氏》注）。于是人们就选择了泰山来"配天作镇"，故又有了"泰山安则天下皆安"的说法。

从文字意义看，泰山原本的意思就是大山。

泰山古称岱，何为"岱"？岱，就是大山。《说文》说："岱，太山也，从山，代声。"段玉裁作注说："大作太者，俗改也。域中最大之山，故曰大山。"也就是说，岱是指地域内最大的山。岱就是大山，大山才能称为岱。

泰山又称岳，岳的古字就是像高形。

泰山亦称太山，而太也就是大。段注《说文》说："凡言大而以为形容未尽则作太。"在古代，太通大、通泰。大、太、泰可互通。因此说，泰山之名为泰、为太、为岱、为岳，都源于其山之大。

可以说，对大山的崇拜，是泰山崇拜的认识根源。

2."肤寸生云"

在古人的眼里，泰山是一座神秘的山。

"触石而出，肤寸而合，不崇朝而遍雨乎天下者，唯泰山尔"（《公羊传·僖公三十一年》）。这是春秋战国时期，人们对泰山之云的惊叹。

到了清代，泰山之云仍被认为是"天地之至文"："或起于肤寸，弥沦六合；或诸峰竞出，升顶即灭；或连阴数月；或食时即散；或黑如漆；或白如雪；或大如鹏翼；或乱云如散髻；或块然垂天，后无继者；或连绵纤微，相续不绝。"（叶燮《原诗·内篇》）。如此神奇，恐怕世界上任何一座名山，其云都不会像泰山之云那样有如此大的魅力和影响。

何止是云，泰山的风雨阴晴也都非同寻常。由于泰山地处季风气候带，加上山体高耸靠近海洋，气候变化较为复杂；

又因泰山特定的地形地貌，山顶与山下气候迥然不同，有所谓"绝顶峰高夏亦寒"的说法。而气温随着山的高度而降低，雨量则随着高度的变化而增加，故又有"十里不同天"之说。阴雨风晴，朝霞暮霭，瞬息万变，泰山罩上了层层神秘的色彩。

古人说：

> 山林川谷丘陵能出云，为风雨，见怪物，皆曰神。
> （《礼记·祭法》）

> 夫山者，……出云道风，嵷乎天地之间。天地以成，国家以宁。（《韩诗外传》卷三）

> 鬼神谓山川之神也，能兴云致雨，润养万物也。
> （《史记·五帝本纪》正义）

可以看出，多变的气候物象，是构成古代先民对山川崇拜的重要因素之一。泰山"肤寸生云"、"体乾润物"、"霖雨苍生"、"天根云窟"等刻石，便是历史上人们对泰山气象的感悟。如果说，山石铸就的山体是凝固的、静止的；那么，缥缈不定的云烟风雨却是变化的、无常的，这种动态打破了原有的那种沉寂，而赋予山体以活的灵性，扩展了原有固定的空间，给人以无限的神秘莫测之感。

3. "中央之美者"

在古人的眼里，泰山是天地的中心，并以富庶著称。

刘安的《淮南子·地形训》就说："……中央之美者，有岱岳，以生五谷桑麻，鱼盐出焉。"

泰山神有"天齐王"、"天齐仁圣帝"的封号。何为"天齐"？"齐所以为齐，以天齐也"（《汉书·郊祀志》），颜师古解释说："谓其众神异，如天之腹齐也"。是说这"天齐"如同天之腹脐，是天的中心。"天齐"这一称谓，即显示着一种文化和地理上的自豪。这种优越感与这一地区发达的古文化有关。

泰山是我国最早进入人类视野的名山之一。至迟在40－50万年前，就有人类繁衍、生息于泰山周围。到了新石器时代，这一地区的文化发展到了高峰。仅就目前考古资料看，至少八千年以来，它就在山东大地上稳定发展。到五千年中叶，也即大汶口文化中期以后，逐渐取得了对其它新石器文化的优势，以至在以后的一千余年中，在许多方面都处于领先地位，并以其文化上的优势，形成对黄河中游及长江流域的强烈渗透。泰山周围一带成为我国古老文化的源头之一，并在中国历史上有着特殊的地位，名闻遐迩的齐鲁文化就是在这块有着优秀文化传统的土地上发展起来的。以至有人说：

"……长城、运河是伟大中华民族的象征，泰山何尝不是伟大中华民族历史的见证。"[1]

人类之所以选择泰山为生息地，是与海岱地区的生态环境分不开的。在几千年前，泰山周围的气候条件非常优越，接近亚热带的气候条件，极利于动物、植物的生长。考古资料表明：泰山周围在新石器时代相当于现今秦岭至淮河以南地区的气候。山地降雨充沛，冬季罕见冰雪。这种富殖的生态优势，在春秋战国之时仍然存在。泰山周围冬不结冰，年收两季的记载不绝于史[2]。优越的自然条件，为人类的生存和发展提供了理想的生态环境。

4."万物之所始"

在古人的眼里，泰山是一座孕育万物的大山。

《白虎通·封禅》曾指出：封禅"所以必于泰山何？万物所交代之处也"。"万物之所始"的观念，是泰山信仰的核心，由此而引发出掌万物之生命、操新旧之更替的种种观念。无

---

[1] 苏秉琦：《加强泰山"大文物"的研究》，《泰山研究论丛》（一），青岛海洋大学出版社，1989年，第22页。

[2] 《春秋》中鲁桓公十四年、成公元年、襄公二十八年，均有冬"无冰"之记载。《孟子·告子上》中，也有当时农作物一年两熟的记述。

论人之生命，还是国家之命运均在泰山的掌握之中。于是人们才有了到泰山寻求长命，到泰山祈求国运的举动。甚至落叶归根，即便死去，也要到泰山寻求早日的回归。所有这些，都来自于人们对东方的崇拜及对太阳的崇拜。

这种观念的产生，是与我国传统文化密切联系在一起的。中华民族是一个崇尚光明的民族，太阳崇拜在一定的历史时期构成自然崇拜的主体。上古时期，对太阳的崇拜曾广泛流行。凡用于天神人君的最尊贵称呼，如：明、皇、帝、王、天、华等，均与太阳神信仰有关。历来被崇奉为华夏民族始祖的伏羲、黄帝，就其初义来说都是太阳神的称号①。在泰山文化圈内，太阳崇拜这一特点表现的更为突出。大汶口文化遗址中发现的由太阳、火、山组成的图案文字，体现的就是这一地区先民对太阳的崇尚（图4）；大汶口遗址墓地人的头向朝着东方，也反映出日升日落的思维特征。在齐地所奉祀的八神中，即有日神——阳主。当五行说出现，泰山就成为东方的象征。《白虎通·巡狩》篇说："东方为岱宗者，言万物更相代于东方也。"《五行》篇也说："东方者，阴阳气始动，

---

① 何新：《诸神的起源·自叙》，三联书店，1986年，第7—8页。

万物始生。"并以"万物新出地中"的"木"为文化符号，以资生命之源。

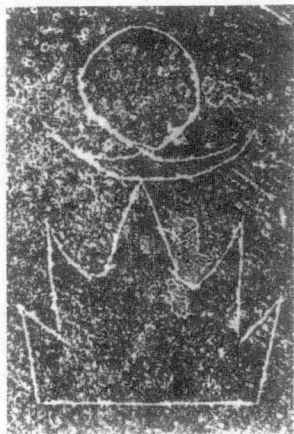

图 4 大汶口文化遗址出土的图案

可以说，太阳崇拜、东方崇拜是泰山信仰的源头，对泰山的崇拜正是中华大地上古时代太阳神崇拜的缩影。当人们将这种信仰具体到某一神灵的时候，便产生了泰山之神——东岳大帝和碧霞元君。这东岳大帝与碧霞元君，就是泰山庙会信仰的主神。

（二）祭祀发端下的庙中会

一般说来，人们对庙会概念的理解，多倾向于经贸活动，所以有"庙市"一说。其实，当初的庙会重在祭祀活动，其它内容都是由此而引发的。人们到庙中，首先是为了与神相会。也就是说，在这里需要与神沟通，相应的宗教信仰活动是必不可少的，这是去的主要目的。去的人多了，人与人之间的交流也就多了起来，何况都是带着相同的心境与愿望去的，有着一定的共同语言。因此，人与神的沟通，人与人的沟通，就成为庙会的基本内容。只是后来随着经济利益因素的增加，也便有了多种多样的经贸行为，有了多彩多姿的娱乐活动。所以说，庙会的产生首先与祭祀活动有关。

泰山的祭祀是久远的，也是多彩的。

1. 史前祭祀

所谓祭祀，是人们把人与人之间的相互酬报关系扩展到了神。并且，古代的人们是把祭祀活动作为头等的大事去对待的。《礼记·祭统》就说："凡治人之道，莫急于礼；礼有五经，莫重于祭。"

当你打开我国的典籍史册，不时会看到泰山的大名。在这些记述中，最多、最重要的莫过于祭祀问题。史传有"古者封泰山禅梁父者七十二家"的说法（《史记·封禅书》）。从封禅出现的时间看，说无怀氏、神农氏、炎帝、黄帝等曾封禅泰山，应是战国时期的附会之说，不过说他们有的曾来泰山举行祭祀活动是有历史影子的。如黄帝曾"合鬼神于泰山之上"（《韩非子·十过》），也有"黄帝出游，驾龙乘凤，东上太山，南游齐、鲁，邦国咸喜"（《绎史》卷五引《易林》）等说法，都透露出这方面的信息。在史前有详细记载的是舜的祭祀——"柴望"。

《尚书·舜典》说，舜在接受尧的禅让担任部落联盟首领时，举行了一系列的祭祀仪式，其中就有泰山"柴望"。他于二月"顺春东巡"，在四岳之长的岱宗举行了燔柴祭天、望秩山川的柴望仪式。具体地说，柴与望是两种祭祀形式。柴就是烧火祭天；望是望而祭之。从种种迹象看，祭祀泰山在当时已成为王者成功之后取得最高祭祀特权的一个标志，是一种权力的象征。这也是后来只有"天子"才有资格祭祀泰山的原型。烧火祭天，遥望山川，是人君与天地诸神沟通的宗教形式，"柴望"也是对泰山原始自然崇拜祭祀形式的一种概括。这种祭祀礼仪还要秩次其它诸岳，并且还要五年一循环，说明这种仪式，已成为人与神沟通交流而普遍使用的"宗教语言"。

战国时期，伴随"五德终始说"而出现了"封禅"说，使泰山祭祀进入了一个新的时期。从祭祀形式上说，所谓"封"，即在山顶上筑坛烧火以祭天；所谓"禅"，即在山下的小山上除地以祭地；从内容上看，封禅是在巡狩的基础上发展起来的一种祭祀形式。它以功成受命为核心，以天人感应为特征，构筑起一代帝王将兴之时的一种命定论模式。它以特定的形式和独有的内容以致成为历代帝王统一天下、改制应天的重大政治活动，构成泰山崇拜的特殊形态。由于封禅意味着"受天有命"，意味着功及天下，所以历代帝王莫不竞相效仿。只是限于封禅所需条件的苛刻，往往成为一代帝王可望不可即的理想。秦始皇是中国历史捷足先登封禅泰山的第一人。

2. 秦汉封禅

秦始皇统一六国后，建立了中国历史上第一个多民族的封建统一帝国，创立了中央集权的君主专制政治体制。与此相适应，秦始皇一方面继续把天地崇拜作为官方的正统信仰；另一方面，则把这种崇拜与"五德终始说"融为一体，并以此作为"受天之命,既寿永昌"(《全秦文·玉玺文》)的宗教保障。具体实践便是将战国末期产生的"真命天子"出来时应有的神、人交通感应的神圣仪式——封禅,予以实现,于公元前219年封禅泰山。从而开创了中国历史上所独有的山岳崇拜的特殊形式。(图5)

由于封禅原本是一种设想,当秦始皇真的要来尝试一下的时候,自然无章可循。因而秦始皇在礼仪无制可依的情况下,临时征召齐鲁的儒生博士来讨论其典章之事,只是其议"乖异",无法实施。秦始皇只好自行其是,采用秦国自己的"祀雍上帝"之礼。从山阳登上泰山之巅,立石以颂始皇功德,表明他已到泰山行封,而从山阴下至梁父禅了地,向天下宣告了秦王朝的神圣性与合法性;同时也使泰山自古以来的一般性天神祭祀,发展升华为与社稷息息相关的政治大典,泰山祭祀由此进入了一个新的文化形态。

两汉时期,泰山祭祀无论是理论还是形式都得到了很大的发展。西汉时就已有《古封禅群祀》二十二篇、《封禅议对》十九篇、《汉封禅群祀》三十六篇、《封禅方说》十八篇(《汉书·艺文志》)。这些都可以看作是封禅的祭祀理论系统业已完备的标志,而在祭祀形式上也趋向程式化。

图5　秦泰山刻石残字拓片

　　汉武帝于元封元年（前110年）三月，先巡行泰山，当时"泰山之草木叶未生，乃令人上石立之泰山巅"。又"遂东巡海上，行礼祠八神"（《史记·封禅书》）。四月间汉武帝回到泰山下的奉高，和秦始皇一样，考虑到儒生和方士们提出的封禅礼仪各不相同难以施行，遂自行其是。武帝先到梁父山祭祀地神，又在泰山下的东方，设坛祭天。事后武帝仅与侍中奉车都尉霍子侯登上泰山行封祭天。次日从山北取道而下，在泰山脚下东北方的肃然山祭祀地神，尔后到泰山明堂宣布封禅成功。此后汉武帝多次到泰山行祭祀之事。

如果说汉武帝祭祀泰山与秦始皇相比有什么特点的话，那是汉武帝直接将长寿成仙与封禅祭祀结合在了一起。《神仙传》、《集事渊海》等说：当时著名的泰山神仙泰山老父、稷丘君都曾被汉武帝所遇。武帝为了等候神仙的降临，还在泰山建起了泰山宫。为寻仙每次到泰山祭祀之后还要到海上去一试机缘，而仙人方士为了应和汉武帝，也千方百计制造出种种仙话，探求所谓的不死之术。

每当武帝临海时，方士便云集海上。据《史记·封禅书》载："上遂东巡海上，行礼祠八神。齐人之上疏言神怪奇方者以万数，然无验者。乃益发船，令言海中神山者数千人求蓬莱神人。……宿留海上，予方士传车及间使求仙人以千数"、"……复遣方士求神怪采芝药以千数"等等。这种以"千数"、"万数"计的方士，有目的、有组织的集会，自然会强烈刺激着宗教团体的形成，同时也扩大了神仙方士的社会影响，为方士集团从海上走向陆地，从陆地走向泰山，奠定了思想基础和组织基础。

东汉光武帝刘秀为洗刷王莽篡汉改姓的耻辱，也到泰山"受命中兴"。建武三十年（54 年），刘秀"过泰山，告太守以上过故，承诏祭山及梁父"（《后汉书·祭祀志》）。时过两年（56年），刘秀再次到了泰山，这一次是为封禅来的，其祭祀队伍浩浩荡荡，远远超过秦始皇和汉武帝，而且礼仪也不像他们那样秘而不宣。

由于秦汉两代帝王祭祀活动的渲染，泰山神灵在民间也被引起广泛注意。人们有理由相信，泰山是掌握生死大权的神，要不为何皇帝竟如此频繁前来，并虔诚备至。所以当时流传有："上泰山，见神人，食玉英，见沣泉，驾蛟龙，乘浮云，白虎引兮直上天。受长命，寿万年。"（《太山镜铭》）的说法。上至帝王，下到百姓，确信泰山就是保寿安邦的神灵。对帝王来说，敬奉泰山神最好的办法就是到泰山去封禅，他们深信黄帝封泰山然后不死的说法，行封可得长寿。而对百姓来说，只要上泰山，见到神人便可长寿百年。

汉光武帝封禅泰山后的六百余年间，虽然易姓而王的君主层出不穷，但尚未有人实施封禅大礼。这一方面取决于统一的东汉统治解体后，社会进入分裂、纷争的状态，帝王无暇顾及这一大礼；从另一方面说，国家不统一也不能实施这一大礼，尽管也不乏跃跃欲试者。在最高统治者的泰山祭祀活动处于低潮之时，民间的祭祀活动倒是异常活跃起来。这也为道教的发展创造了条件。

泰山治鬼的说法，从西汉末开始流行，受佛教地狱观的影响，泰山成为冥府的掌权者。很有影响的故事中有《后汉书·方术传》许氏泰山请命的故事、《搜神记》卷四泰山胡母班传书的故事、《幽明录》卷五舒礼受刑的故事等等。在当时还盛行向泰山献礼的做法。在泰山的正庙岱庙，专设有神宝库以储藏祭品供器。《水经注》引《从征记》就记述库中有汉时的乐器及神车木偶，"皆靡密巧丽"，还存有后赵建武十三年（347年）永贵侯张某所献的金马一匹，"高二尺余，形制甚精"。

时值隋代，在国家统一，社会安定的基础上，封禅祭祀又被提到了最高统治者的议事日程。但不知什么原因，尽管隋文帝为封禅泰山作了充分的准备，甚至连专为封禅之用的受命之玺——神玺，也制造好了，却不曾实施这一帝王梦寐以求的大礼，仅是一般性祭祀泰山。于开皇十五年（595年）来泰山行祭天之礼。并"饰神庙，展宫悬于庭"《隋书·礼仪志》）。

3. 唐宋崇道

唐代是中国封建社会进入鼎盛阶段的时代，反映在泰山祭祀中，其规模也前无古人。不但先后有唐高宗、玄宗分别于乾封元年（666年）、开元十三年（725年）实现泰山封禅大礼，其规范超过以往任何一代帝王，而且其崇道活动也达到高峰。

唐太宗时，即有臣属议论封禅之事，太宗虽口头上说"无假封禅"（《旧唐书·礼仪志》），但终究经不住诱惑，派人东行泰山，以察古封禅泰山的遗迹，准备封禅，并下诏贞观十五年（641年）有事泰山。可惜天不作美，车驾至洛阳宫，遇有彗星之变，只好作罢，封禅之事遂梦成黄粱。高宗即位后，其臣属便屡请封禅，立为皇后的武则天也"密赞"其事，于是唐麟德二年（665年），东驾发京，三年（666年）至泰山升山行封禅之礼。有意思的是武则天参加了封禅中的亚献之礼，这不能不说是女性取得祭祀专权的伟大胜利，开历史之先河。

大唐之业，在睿宗时曾被武则天易姓而主，改唐为周，这对李氏宗祖来说，无论从哪一方面来讲，都是一个不能接受的耻辱。李姓夺回帝位后，受命中兴为大唐正名也便成为当务之急的大事。玄宗即位后，励精图治，振兴唐室，开元盛世初见端倪，封禅受命的大任，自然就落在了这位圣主的身上。于开元十三年（725年）到泰山，三献皆升山。并留下了规模宏大的摩崖纪功刻石《纪泰山铭》，铭刻洋洋大观，被后世誉为"天下大观"。

用宗教祭祀作为处理外交的一种手段，是唐代封禅的又一个特点。《册府元龟·封禅》载，李治和武则天封禅时，除随从文武百官仪仗外，还有众多的国外使臣和诸蕃酋长参与：

> ……帝发东都，赴东岳。从驾文武兵士及仪仗法物，相继数百里，列营置幕，弥亘郊原。突厥、于阗、波斯、天竺国、罽宾、乌苌、昆仑、倭国及新罗、百济、高丽等诸蕃酋长，各率其属扈从。穹庐毡帐及牛羊驼马，填候道路。

这"相继数百里"浩浩荡荡的封禅大军，规模之宏大前无古人。这是与唐代的经济政治相适应的，无疑是一种国势强大的显示。尤其是由众多的外国使臣与异蕃酋长率其属从随行陪祭。不难想见，其阵势既能威震国人，又可势惊异邦。

开元的封禅，同样是有过之而无不及。在封禅大军中，也有众多的蕃邦使者，显示出国势的强盛及兼容并蓄的气度。封禅在加强民族与民族之间、国与国之间的关系中起到了良好的作用。这时封禅活动无论对封禅者还是从封者，都显示着一种明确的积极意义：国家昌盛，需要安定统一的政治环境，封禅是一个国家和平统一的象征。在这次封禅中，唐玄宗还封泰山神为"天齐王"，礼秩加三公一等，泰山由此开始了名副其实的帝王化历程。

在唐代，武则天将自汉即有的泰山上、中、下三庙的中庙改作道观，名曰岱岳观，并以此作为皇家斋醮的场所。所谓斋醮，俗称道场，是道教设坛祭祷的一种仪式。"斋"，是指祭祷中必须洁身清心；"醮"，是指祭祷活动。斋有斋法，醮有醮仪，供斋醮神是道教人神沟通的重要表现形式之一，也是道教徒的主要宗教活动。斋醮大致从早期的巫觋仪式及坛祭形式发展演变而来，生动形象，具有久远的历史及很强的诱惑力。

一通《双束碑》，就是一部唐代在泰山的斋醮史（图6）。碑所记的修斋建醮的活动有二十余则，是皇室遣官或派道士频繁而来的见证。唐显庆六年（661年），主东岳之事的道士郭行真，为高宗和武后建道场七日，拉开了斋醮的序幕。后继有中宗、睿宗、玄宗、代宗、德宗等也遣员前来行祭。武则天改周15年，泰山斋醮投龙竟有7次之多，仅长安四年（704年）一年中，就来了两次。

图6　双束碑

　　在斋醮活动中，所设的多是金箓大醮，时间长短不一，少者几天，多则四、五十天，行醮人员也多少不一，少则几人，多者四、五十人。前来行事的多是道教界频有声望的高功法师。可以说，唐代封禅与道教相关联，促进了泰山道教的发展。频繁而又郑重的岱岳观斋醮，使泰山成为天下大师、高功的汇集地，从而也成为泰山祭祀的中心。

　　继唐之后，赵宋王朝崇道不亚于李唐之时。宋王朝虽然结束了五代的动乱，使国家趋于统一，但其国力已无法与汉、唐时期相比。宋立国之初，为了寻找精神上的支柱，就曾利用道教的神灵编了一个"翊圣"降显的神话，以此来大造皇权神授的政治舆论。为了达到封禅的目的，宋真宗直接参与策划，几经周折，费尽心机。先是有"祥瑞"不断出现，祥符元年就有三次"天书"降临，宋真宗于大中祥符元年（1008年）封禅泰山（图7）。据《续资治通鉴》卷二十八《宋纪二十八》所载：大中祥符二年（1009年）五月"诏充州长吏，以天书降泰山日诣天贶殿建道场设醮，以其日为天贶节，令诸州皆设醮"。宋真宗在泰山建道场设醮，使封禅更多地溶进了道教色彩。不言而喻，真宗封禅泰山，是出于政治上的需要，但他把封禅与崇道紧密结合起来，是超过前代的。宋真宗封禅后，加号泰山为"仁圣天齐王"，后又尊为"天齐仁圣帝"，使泰山神由王成为帝。在后世产生巨大影响的碧霞元君，也曾受益于真宗封禅，这是后话了。

图 7　仿宋封禅表演

4. 明清告祭

明清两代，作为旷国大典的泰山封禅不再搞了，但泰山祭祀并没有终止，只是变换了个形式罢了。随着明代立国，朱元璋去掉泰山神历代封号，而以"泰山之神"名其名，并在岱庙立碑以示天下。伴随而来的则是频繁的告祭活动。

所谓告祭，就是皇帝不亲自前往祭祀，而是派遣官员来泰山实施祭祀。如明洪武十年（1377 年），朱元璋遣曹国公李文忠、道士吴永舆、邓子方代其祭祀泰山，并在岱庙立碑，其《祝文》还诏明"自今以后，岁以仲秋诣祠致祭"。明代重泰山神之告祭，仅代宗朱祁钰在位不满八年，有史可稽的就有七次遣员来泰山。在明代或祈嗣统，或祈年丰，或祈息战均要遣官告祭泰山。在明万历二十七年（1599 年）神宗还曾下旨颁发圣旨一道、《道藏》一部于岱庙，要道人"朝夕礼诵"。

清代沿袭明代的做法，以遣员告祭为主，但也不绝亲祭。如康熙曾三次来泰山，乾隆十一次来泰山。乾隆不但创帝王就祭之最，而且频繁为泰山进献祭器也为前世所无（图8、9、10）。但总的说来，随着封建统治体制的即将解体，以最高统治者为主体的泰山祭祀逐渐衰弱，大规模的群众性朝山活动掀起了高潮。泰山的祭祀活动掀开了新的一页。

图 8　泰山三宝之一——黄釉青花葫芦瓶

图9　泰山三宝之一——沉香狮子

纵观泰山古代的祭祀活动，有如下几个方面的特点：

其一，历史久远，延续时间长。自原始的自然崇拜开始，一直延续到封建社会的解体，其间几千年时间始终没有停止过。它几乎贯穿了中国传统宗教发生、发展的整个过程，具有一定的典型性。

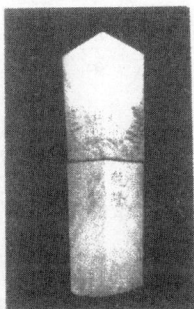

图10　泰山三宝之一温凉玉圭

其二，性质独特，祭祀规格高。泰山祭祀活动在很长的一段时间内，仅限于统治者阶层，并由最高统治者亲自执事，祭祀活动始终是作为国家的最高宗教活动来对待的，有着特殊的组织系统。无论是理论体系还是祭祀形式，起源成熟早，有着很强的影响力。

其三，信仰基础深，影响范围广。泰山的基础信仰是"万物始生"、"阴阳相代"，这几乎概括了一切事物的发展规律，很容易被人们所接受，这也是泰山祭祀在全国范围内有很大影响的重要原因。

（三）古老的山庙　古老的庙会

神与建筑发生关系，起初仅表现为献祭的祭坛、祭台等。随着人类对偶像崇拜的进一步升华和建筑能力的提高，神也便有了同人一样的居处——庙宇，这些建筑既是神的居所，同时也是人们供奉、祈祷神的场所，人与神的沟通也便在这里进行。泰山神是幸运的，至迟在汉代，就已有宫殿式的庙宇。

1. "汉亦起宫"

1961 年 12 月 28 日，在西安西郊阿房宫遗址的北部，发现了一批西汉时期的铜器 22 件，其中 12 号鼎赫然铭刻有"泰山宫鼎"字样，在同期出土的铜器中多有"上林"之记，而此鼎之记很特别，曾引起考古界的关注。有人认为：此鼎出自泰山宫，是以地名宫，泰山宫当为武帝封泰山时所建筑①。也有人认为：此建筑非武帝封泰山时所筑，但同样认为其鼎

---

① 陈直：《古器物文字丛考》，《考古》1963 年，第 2 期。

是泰山之物，泰山宫则可能即泰山庙之别称，后被调入西安上林苑中①。结合有关文献记载，这个泰山宫就是泰山神的灵宇，或称泰山庙或称岱宗庙。

北魏时成书的《水经注》引《从征记》说，当时泰山有上、中、下三庙。对下庙是这样描述的："墙阙严整，庙中柏树夹两阶，大二十余围，盖汉武所植也。……库中有汉时故乐器及神车木偶，皆靡密巧丽。"这下庙有汉武帝所植的柏树，藏宝库中有汉代的祭品供器，是否就是汉代的泰山庙呢？回答是肯定的。东汉应劭的《风俗通义·山泽》中对"岱宗庙在博县西北三十里"位置的记述与其是相吻合的。明《岱史》综合有关碑刻材料也认为这个下庙当是汉代所置。更有说服力的是，1995年在今之岱庙，出土了部分汉代遗物，其中"长乐未央"、"千秋万岁"瓦当等宫殿式建筑构件的发现，为岱庙即为汉代之泰山宫、泰山庙，提供了实物佐证。(图11、12)

关于庙宇在当时的规模已无从考察，但从《水经注》所载泰山庙"墙阙严整，……门阁三重，楼榭四所，三层坛一所，高丈余、广八丈"来看，气势不凡。上面提到的在西安阿房宫遗址出土的"泰山宫鼎"，上面还有"第百一十六"的

---

① 黄展岳：《西安三桥高窑村西汉铜器群铭文补释》，《考古》1963年，第4期。

图11 汉武帝所植连理柏

图12 岱庙出土的"长乐未央"瓦当拓片

铭记，这个编号如此之大，也说明西汉之时，其泰山宫的规模也绝非一般性建筑所能有;还有泰山宫鼎能调入汉宫上林苑,也可知泰山宫在当时的影响之大。看来《大宋天贶殿碑铭》中对泰山之庙"珍瑞云获,汉亦起宫"的记述是毫不夸张的。

2."俨然帝居"

如果说泰山神是帝王化了的神,那么他的庙则是皇宫威仪化了的庙。

自从人间有了皇帝,神界的泰山神也便逐步走上了帝王化之路。作为泰山神的宫殿——岱庙,也就成了王宫的缩影。如果你已去过北京故宫的话,那么到岱庙就会有一种似曾相识的感觉,"宛如北京的紫禁城"①。这就是因为岱庙同故宫的形式布局一样,是按帝王之居的宫城形制来营造的神宫。它严格以轴线对称的形式来布局,即以一条南北轴线为中心,把众多的重要建筑依次排列在轴线上及其左右两侧,其空间序列也是按轴线的纵深发展逐一展开的。(图 13)

择中立宫,前朝后寝。沿中轴布局,择中立宫是中国传统建筑的礼制规范。在岱庙的南北轴线上,分别坐落有正阳门、配天门、仁安门、天贶殿、后寝宫、厚载门,两侧对称有

---

① 吴组缃:《泰山风光》,引自《泰山大全》,第 1399 页。

炳灵院、延禧院、鼓楼、钟楼、东寝宫、西寝宫等。主体建筑
——天贶殿位于中轴线上的最高处，满足了以高为尊的要求。
同时，以天贶殿为分界线将岱庙的布局分为前后两部分，前
为堂，后为寝。即前为当朝处理政务的地方，后为休息养性
的寝室。在《考工记》中，就有这种宫城内的布局。这个制
度在我国源远流长，是传统宫城设计的重要制度。明朝营建
北京，就继承了这种传统的格局。

"九五"之尊，重檐庑殿。"九五"之数，在我国算是很崇
高的数字了。古人有"九五，飞龙在天"（《周易·乾》）之说，
后常以此数尊帝位。岱庙的天贶殿所采用即是"九五"之制
的建筑形式。也就是开间为九，进深为五的形制。以这两个
数字组合的建筑在古建筑中是少有的。而天贶殿所采用的重
檐庑殿顶，也是建筑中的最高规格。所谓庑殿顶，在《考工
记》中被称之为"四阿重屋"，即殿顶前后左右四面斜坡，前
后坡相交于正脊，左右两坡同前后坡相交成四垂脊，具有四
坡五脊的特征，故又称为四阿五脊殿。这种制度一直到清代，
仍为建筑中最高等级的屋顶，只有宫殿的正殿才能使用。岱
庙的大殿之所以用这种等级的规格，是与泰山神被最高统治
者尊为"帝"相对应的。（图14）

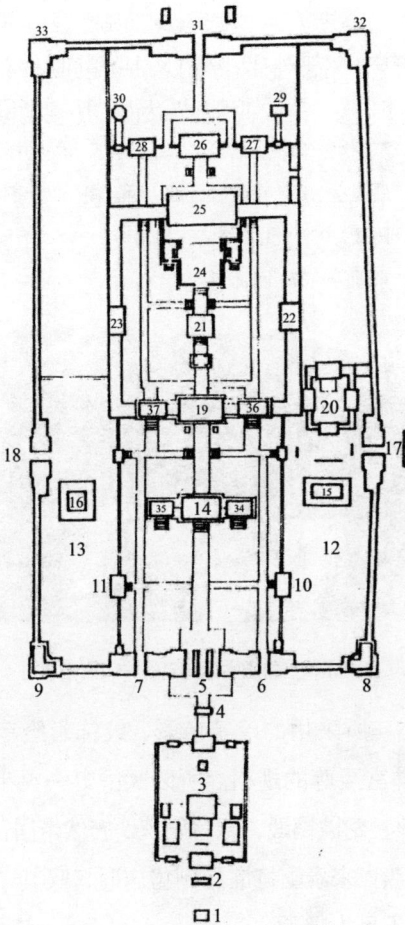

图 13　岱庙平面示意图

1. 双龙池　2. 遥参坊　3. 遥参亭　4. 岱庙坊　5. 正阳门　6. 仰高门

7. 见大门　8. 巽楼　9. 坤楼　10. 炳灵门　11. 延禧门　12. 汉柏院

13. 唐槐院　14. 配天门　15. 汉柏亭　16. 库房　17. 东华门　18. 西华门

19. 仁安门　20. 东御座　21. 小露台　22. 鼓楼　23. 钟楼　24. 大露台

25. 天贶殿　26. 后寝宫　27. 东配寝　28. 西配寝　29. 铜亭　30. 铁塔

31. 厚载门　32. 艮楼　33. 乾楼　34. 三灵侯殿

35. 太尉殿　36. 东神门　37. 西神门

图14　岱庙主体建筑——天贶殿

　　另外，岱庙所采用的建筑色彩、纹饰彩绘等也同样可以
显示出泰山神宫至尊的规格。所以《岱史·灵宇纪》称：岱
庙"朱堞金扉，龙楹螭殿，罘罳象魏，俨然帝居"。如此说来，
《水浒传》中燕青来泰山打擂看到岱庙时，叹其"果然是天下
第一"，也就不足为怪了。

3. 水到渠成

毫无疑问，庙会的形成源于祭祀活动，同时还要具备相应的活动空间。现在一般将庙会界定为一种融宗教文化与商业贸易为一体的综合性活动。细分起来它包含有如下几个必要因素：一是具备一定的宗教信仰以及相应的仪式活动；二是有其所依托的空间场所，也就是说要有活动所凭据的"庙"；三是要具有广泛的群众基础，其参与性和自发性是必不可少的；四是具有相对稳定的季节时令或固定的日期。说庙会要具有一定的贸易活动及娱乐活动，则是为适应第三个要素的要求而发展起来的，商贸活动是因需而成市。娱乐竞技，表面上看是娱神，实际上也是吸引人们参与的一种手段。

作为祭祀活动及庙宇的设置，在泰山起源很早，这在上面已谈到，但限于泰山祭祀的特殊性，祭祀活动在早期专权于最高统治者，直接限制了群众的广泛参与，因此也不可能有我们现在所说的庙会。但作为一种依托，为庙会的发生提供了物质条件。

汉代以后，随着泰山神影响的扩大，泰山信仰逐渐渗透到社会各阶层，全国各地时有普通的百姓到泰山朝拜，但没有形成规模。魏晋时期，是泰山信仰的大发展时期，群众性的参与活动逐渐增加。在唐代，统治者封禅与崇道并举，唐高宗、唐玄宗先后来泰山举行封禅大典。唐高宗来泰山时"从驾文武兵士及仪仗法物，相继数百里"，玄宗也是有过之而无不及，其祭祀队伍之宏大，超过历史上任何一位帝王，并且随从祭祀者还吸收有众多的蕃国参与，这些都无疑扩大了泰山信仰的影响，激发民众对泰山祭祀活动的向往。

除封禅外，唐代皇室还频繁遣员到泰山修斋建醮。斋醮的形式本来就是从早期民间的巫觋仪式及坛祭形式发展而来的，其形式生动形象，对平民百姓来说具有很大的诱惑力，很容易被接受。所举行的斋醮仪式动辄数天、数十天，做道场时有大量的道士参加，多者有四、五十人。如周长安四年（704 年）邢虚应等"奉敕于东岳岱岳观中建金篆大斋冊（四十）九日，行道设醮，奏表投龙荐璧"（《双束碑》）；唐神龙元年（705 年），大弘道观法师阮孝波等也"奉敕于岱岳观建金篆宝斋，冊九人九日九夜行道"（《双束碑》）；景龙三年（709 年）的金篆大斋中，也有"大德冊九人"传经行道，只是时间是七天七夜（《双束碑》）。如此大的场面，如此长的时间，自会有大量的群众集结，但限于是皇家之事不能也不可能有平民参与其中，最多是一睹了事。再从其斋醮之事的日期看，尚不固定，也很难成为节日的盛会。因此可以说，以庙会所需的基本条件看，唐代盛兴一时的岱岳观斋醮活动，还没有形成所谓的"会"。

4. 盛事庙中

完整意义上的泰山庙会，在宋代出现。发展成熟的标志一是广大群众自发而广泛的参与，在庙中集结；另一方面则是庙会日期已约定俗成。

关于宋代的泰山庙会，恐怕人们记忆最深的当是施耐庵在《水浒传》中的记述：

> 原来庙上好生热闹，不算一百二十行经商买卖，只客店也有一千四五百家，延接天下香官。……那日烧香的人，真乃亚肩迭背，偌大一个东岳庙，一涌便满了，屋脊梁上都是看的人。

——第七十四回《燕青智扑擎天柱》

文中的"那日"，是三月二十八日。

燕青是在梁山泊从凤翔府（今陕西凤翔县）到泰山烧香的香客那里，听说在"今三月二十八日天齐圣帝降诞之辰"，有一个叫任原的太原府（今山西太原西南东城角）人氏，自号擎天柱，在泰山岱庙摆擂台，前两年不曾遇有对手，这已是第三年了。于是，燕青忍气不下，到了岱庙，在庙内数万香客的注目之下，智扑擎天柱，为后世留下了"燕青打擂"的趣话。

　　书中对燕青来泰山的情景及打斗的场面描写的很生动，同时也透露出东岳庙会的基本内容及规模。聚集而来的，是全国各地的香客。来的目的也很明确，第一是烧香，并多带有祭品，告诉燕青任原之事的那伙陕西人，就带"有七八个车箱"。相扑的奖品——"利物"，也是香客献给"圣帝"的生日礼物；第二是来看一下热闹，因为这里有相扑之斗。至于那"一百二十行经商买卖"便是按需所取了。来的人成群结队，以致具有"一千四五百家"的泰山香客店，在圣节之时，"也没安着人处，许多客店，都歇满了"。来是为了烧香，自然拜神是第一位的，仅仅是为了打擂而来的燕青，也没有忘记"出草参亭（遥参亭）参拜了四拜"。众香客还要早进香，于三更前后随着阵阵乐鼓之声给"圣帝"上寿。天明之后，主要的则是为了看热闹。众香客人流如潮，"数万香客"，"亚肩迭背"，涌满了"偌大"的东岳庙，连"屋脊上都是看的人"，其热闹的场面跃然纸上。

　　元、明之时，以泰山神——东岳大帝为信仰对象的庙会持续发展了下来。元代，每逢东岳大帝诞辰，"天下之人不远千数百里，各有香帛牲牢来献"（《菽园杂记》卷七引《重修蒿里祠记》）。明代的岱庙仍是"货郎扇客，杂错其间，交易者多女人稚子。其余空地，斗鸡蹴鞠，走解说书。相扑台四五，戏台四五，数千人如蜂如蚁，各占一方，锣鼓讴唱，相隔甚远，各不相溷也"（张岱《岱志》），好不热闹。但出人意料的是，泰山女神——碧霞元君的崛起，一时间大有取代东岳大帝地位之势。

时值明代中晚期，以碧霞元君为信仰对象的泰山庙会发展到鼎盛时期，元君庙分上、中、下三庙，其香火以山顶的碧霞祠为最盛。从营造时间上说，碧霞祠时间较晚，但其影响不亚于东岳庙，在民间尤盛。宋真宗东封时在山顶玉女池旁发现玉女像，即建昭真祠，金称昭真观，明代易名为碧霞灵佑宫、碧霞灵应宫，祀天仙玉女碧霞元君。这一高山建筑群以选址精妙、营建坚固著称。

《岱史》卷九称："其形胜环拱，宫东南则五花崖，东北迆西则岳顶。磨崖、日观诸峰蜿蜒峙列，三面若屏，宸前若双阙。由宫门西下，石磴三丈许。南俯悬崖，下视城郭若畦圃。自城郭望之，则崖峰森蔽，不见宫宇，此盖造化灵区真天奇云。"碧霞宫位于岱顶前怀之中，北有玉皇顶，东有大观峰，东南有日观峰，南临断崖，西通天街，在整个大环境中，显示出"藏而不露"的特点，但它又是由天街通向岱顶的必经之地。从天街而来，还需攀登"三丈许的"台阶，才能进入碧霞祠的神门，"升仙"的味道很浓。

神门内北侧高高台基上的碧霞祠山门，又将整个空间划分为两部分：一边是熙熙攘攘的朝山人流，一边则是香烟缭绕的仙家净地，宛若是天上与人间、仙境与凡世的交融处。如从天街望去，云雾缥缈，宫宇藏秀于崖峰之间。若在岱顶向下俯视，浮云洒落，一派"仙人琼阁"的景象。正如《重修碧霞宫碑》所记："历选名胜之所，无逾此境之妙意。"为防山中风雨之侵袭，殿顶均以金属瓦件覆之，成为我国高山建筑的杰作。(图15)

图15 碧霞祠全景

　　碧霞祠在当时成为香客朝拜的圣地,"近数百里,远即数千里,每岁瓣香岳顶数十万众。"(明《东岳碧霞宫碑》)。每逢春日香会期间,香客从四面八方云集岱顶。明人于慎行在他的登泰山记游记中曾这样描述:"五方士女,登祠元君以数十万。夜望山上策篝灯,如聚萤万斛,左右上下蚁旋鱼贯,叫呼殷赈鼎沸雷鸣,弥山振谷,仅得容足之地以上。"

　　在碧霞宫内,还有"置钱"之说。这一习俗由来已久,应劭在记述东汉光武帝封禅泰山时就曾"置梨、枣、钱于道,以求福"(《泰山封禅仪记》)。这种习俗在明代盛行一时,对此明人张岱在其《岱志》中是这样记述的:

　　　置钱之例,其来已久,然未有盛于今时。四方香客,日数百起,聚钱满筐,开铁栅向佛殿倾泻。则以钱进,元君三座,左司子嗣,求子得者,以银范一小儿酬之,大小随其家计,则以银小儿进;右司眼光,以眼疾祈得光明者,以银范一眼光酬之,则以银眼光进。座前悬一大金钱,进香者以小银锭,或以钱在栅外望金钱掷之,谓得中则福,则以银钱进。供佛者以云绵,以绸帛,以金珠,以宝石,以膝裤珠鞋绣帽之类者,则以金珠鞋帽进。以是堆垛殿中,高满数尺。山下立一军营,每夜有兵守宿，一季委一官扫殿。鼠雀之余，岁尚数万金。
由此可见进香香客之多，"置钱"献物之风之盛。

说到这里，我们对泰山庙会的缘起及发生作了简略的考察。泰山信仰的基础缘自人们对自然的敬畏与依赖，泰山祭祀由大山崇拜而发端。囿于我国传统文化结构的影响，泰山祭祀之权为最高统治者所垄断，与平民百姓无缘，泰山祭祀活动受到限制。到了汉代，随着泰山信仰的逐步扩展、渗透，上泰山能长寿的观念在老百姓的心中树立起来，泰山信仰开始走向平民百姓。魏晋以后，是泰山信仰在民间的大发展时期，虽然泰山祭祀仍以统治者为主体，但民间的祭祀活动逐渐多了起来，这为庙会的形成提供了必备的群众基础。时值宋代，水到渠成，完整意义上的泰山庙会出现了。庙会成为人们认识泰山，沟通人与神、人与自然、人与人之间联系的一种社会性综合活动。

泰山庙会最初是以泰山神——东岳大帝为信仰对象的。到了明代，碧霞元君信仰的盛行，打破了东岳大帝一统泰山的格局，泰山庙会信仰的主体发生了一定的转移，时间地点也发生了一些变化，但总的来说，信仰的基础并没有发生多大的变异。

二、真实的情感与虚幻的寻觅

——信仰种种及会期

庙会有了，赶会的人带着希望与寄托来了，他们是虔诚的，是认真的。在他们的眼里，自己的一举一动所带来的利益绝非是虚幻的，而将会是实实在在的。他们相信，有泰山神的佑护，一切都会好的，或是将来一定会好起来的。泰山神的信仰何以有如此大的影响？

（一）灵有所源——一个东方大山的故事

有人说，神之所以显得强大，是因为人在别无选择的情况下，选择了它。这话一点不假。然而，对神的来历而言，之所以非凡不常，众说不一，是人们站在不同的方位，为他们崇奉的神所做出的有意识的选择。前者是被动的，而后者是主动的。于是，在东方的泰山，引出不少的故事。

1. 东岳大帝的来历

无论你崇拜的是人还是神，都会有一个来由的询问。问与答都能体现一种意识、一种心态。崇拜的对象愈是来历不凡，就会愈加显示出你信仰的价值，似乎你的地位也会随之提高。人们是怎样看待泰山神东岳大帝的呢？自然，不同的人会有不同的回答。

泰山神是金虹氏　《绘图三教源流搜神大全》引东方朔《神异经》说："昔盘古氏五世之苗裔，曰赫天氏，赫天氏（子）曰胥勃氏，胥勃氏（子）曰玄英氏，玄英子曰金轮王，金轮王弟曰少海氏。少海氏妻曰弥轮仙女也。弥轮仙女夜梦吞二日，觉而有娠，生二子，长曰金蝉氏，次曰金虹氏。金虹氏者，即东岳帝君也。"《东岳大帝本纪》、《历代神仙通鉴》等也是这种说法说。

泰山神是太昊　他们认为泰山神就是上古时代人们所崇奉的太昊氏。《枕中书》对五岳是这样安排的："太昊氏为青帝，治岱宗山；颛顼氏为黑帝，治太恒山；祝融氏为赤帝，治衡霍山；轩辕氏为黄帝，治嵩高山；金天氏为白帝，治华阴山。"《泰山志》引《洞渊集》亦云："太昊为青帝，治东岳，主万物发生。"

泰山神是盘古的化身　《述异记》是这样记述的："昔盘古氏之死也，头为四岳，目为日月，……秦汉间俗说：盘古氏头为东岳，腹为中岳，左臂为南岳，右臂为北岳，足为西岳。"也就是说，盘古的头化作了泰山，泰山是盘古的化身。

泰山神是黄飞虎　这种说法来自小说《封神演义》。在小说中，武成王黄飞虎被姜子牙封为东岳泰山天齐仁圣大帝，执掌幽冥地府十八层地狱。凡一应生死转化人神仙鬼，俱从东岳勘对，是为五岳之首。

另外，泰山神还有天帝之孙、上清真人等说法。《博物志》引《援神契》说："五岳之神圣，四渎之精仁，河者水之伯，上应天汉。太山，天帝孙也，主召人魂魄，"《绘图三教源流搜神大全》说："泰山者，乃群山之祖，五岳之宗，天帝之孙，神灵之府也。"而《文献通考·郊社》则云："五岳皆有洞府，有上清真人降任其职。"如此等等，众说纷纭。

在以上的各种说法中，黄飞虎一说，虽为小说之虚构，但影响很大。其内涵如何？不必深究。正如有人所指出的：

封神中的故事，是在有关文献的基础上进行的再创作，而东岳的名讳实属作者所创，由于小说通俗易于传播，故民间便因之祭祀①。说泰山是盘古的化身，意在表明泰山信仰的源远流长，与人类同步。因为，盘古在汉民族的传说中，是开天辟地的创造者，把泰山与人的创世主相联系，足以使泰山神有着厚重的历史感。而在众说中最有价值的，应是泰山神的金虹氏说与太昊说，若明若暗地显示了泰山信仰源起的轨迹。

依《神异经》所言，东岳大帝金虹氏，姓岁名崇，是金轮王的弟弟少海氏与弥轮仙女之子。值得注意的是东岳大帝随金轮王同以"金"为氏，而"金"为少昊金天氏之后（《元和姓纂》卷五《侵》）。《左传·昭公元年》记有："昔金天氏有裔子曰昧，为玄冥师。"注云："金天氏，帝少皞"（皞即昊）。而所谓的金轮王，其"金轮"乃为太阳的别称②。且东岳帝——金虹氏与其兄金蝉氏是因母弥轮"夜梦吞二日"有娠而降生。这就显示了与太阳的关系，泰山神是太阳之子。金虹

---

① 曾勤良：《台湾民间信仰〈封神演义〉之比较研究》。台湾华正书局有限公司，1985年。

② 苏轼：《韩太祝送游太山》："恨君不上东峰顶，夜看金轮出九幽。"金轮即指太阳。

氏之父为少海，"少海"在这里指示的是一个方位，因为少海是对东方的泛称①。故此，据《神异经》这一神话系统而言，东岳大帝即是太阳族系的神明。

说泰山神是太昊，也在言明泰山与太阳的关系。太昊，就是太阳之神。皇甫谧《帝王世纪》中言："太昊帝包牺氏，……继天而王，首德于木，为百王先。帝出于震，未有所因，故位在东方。主春，象日之明，是称太昊。"太昊，也作大昊。昊，光明盛大之意也。"大昊者，大明也。"②。大明，就是太阳。也就是说，岱宗之神即为太阳之神。因此，无论东方朔《神异经》的金虹氏说，还是《枕中书》等的太昊说，均吻合于人们对太阳的崇拜。

太阳神的崇拜，是原始信仰中较为普遍的一种宗教形态。近人何新在《诸神的起源》认为，太阳神崇拜，乃是远古时代遍及东、西方（包括美洲在内）各大文明区的一种原始宗教形态。并证明了在中国上古时代（自新石器时代到早期殷

---

① 如《韩非子·外储左上》："齐景公游少海。"《淮南子·地形训》："东方曰大渚，曰少海。"均是对东方的称谓。

② 丁山：《中国古代宗教与神话考》："大昊者，大明也。"；丁惟汾：《俚语证古》卷一："太阳，大明也。"

商）确曾存在过日神信仰。

应当承认，原始形态的自然崇拜，应当首先是由某一实体物质开始的。从各种材料看，原始部落崇拜天体的现象是较为普遍的，而最为突出的是对太阳的崇拜，人们将太阳作为天的象征。太阳能给人以光明与温暖，构成人们对其崇拜的物质基础。升与落的运动又赋予它得天独厚的"人性"，给人以活的形象感受。郭沫若先生在《殷契粹编·粹编考释》中说，殷人于出、入日均有祭，盖朝夕礼拜之。殷人的太阳崇拜当是原始自然宗教中太阳信仰的延续，后起的天神崇拜也应是在此基础上发展起来的。在泰山地区，对太阳的崇拜有着一定的历史背景。前面已提到的山东莒县陵阳河大汶口文化遗址出土的陶尊上有太阳形象的图像，可以说是这一地区远古文化中最有代表性的太阳崇拜资料。整个图像形象地反映了史前时期先民祭日以祭天的生动景象。

在大汶口文化的命名地，泰山南麓的大汶口遗址1959年发掘出土的遗物中，也曾发现类似的图像文字，如有件背壶上有一用朱色涂施的"𣅃"，这同《殷契秩存》（第581片）中的"𣅀"相近。另外此图像文字与金文中"皇"字也很相似。

据文字学家王国维考证，"皇"字金文像日光放射之形①；文字学家张舜徽也说："皇，煌也，谓日出土上光芒四射也。"②可以想见它们同出土于泰山周围绝不是偶然的，都应是远古时期这一地区有太阳崇拜的习俗所致。

此外，大汶口遗址墓地人的头朝着东方，反映的或是本民族的来源之处，或为人死后灵魂所归之地，却都包含着以日出日落为思维特征的观念信仰。东大岳帝的出现正是基于这种日神信仰发展的结果。至今，人们仍有去泰山观东海日出的习俗（图16）。

图16　山顶观日出

---

① 转引自刘盼遂《说文练习笔记》。
② 张舜徽：《郑学丛著》，第429页。

在历代的造神运动中，人们在"万物有灵"的自然崇拜观念中揉入了不同时期的社会内容，形成了不同系列的神话与传说。而就其特征而言，东岳大帝的信仰源于日神的崇拜还是清晰的、可信的。

2. 碧霞元君的来历

"碧霞"一名，不见于先秦典籍，亦不见于《列仙传》。其元君之称，明人彭翼《山堂肆考·女仙》认为，"男高仙曰真人，女曰元君"，说"元君"是对女仙的尊称。其实也不尽然，元君之称不只用于女性。葛洪《抱朴子·金丹》云："元君者，老子之师也"、"元君者，大神仙之人也，能调和阴阳，役使鬼神风雨，骖驾九龙十二白虎，天下众仙皆隶焉。"葛氏所说的元君，又称太乙元君，并非碧霞元君，而是元始天尊的雏形①。刘禹锡《送东岳张炼师》诗中有"堪为列女书青简，久事元君住翠微"之句。诗中所言"元君"是女？是男？还是碧霞？尚无据可考。不过这个"元君"总算与泰山有了一定的联系。据《岱史》所载，在泰山宋代建有昭真祠，金称昭真观，明洪武中重建，其神号碧霞元君。成化、弘治、嘉靖

---

① 胡孚琛：《魏晋神仙道教》，人民出版社。

间拓建其祠,额曰"碧霞灵应宫"或"碧霞灵佑宫"。碧霞元君大致始称于明代,应是文人仙士将泰山女神纳入道教系统时所给的名号。

关于碧霞元君的来历,也是说法各一。综合起来有以下几说。

凡女得道说　是说碧霞元君原为民间普通女子,由于得到仙人指点,入山修炼而得道成仙。据《岱史》卷九《王之纲玉女传》引《玉女卷》云:

> 汉明帝时,西牛国孙宁府奉符县善士石守道妻金氏,中元七年甲子四月十八日子时,生女名玉叶,貌端而性颖,三岁解人伦,七岁辄闻法。尝礼西王母。十四岁忽感(王)母教,欲入山,得曹仙长指,入天空山黄花洞修焉。天空盖泰山洞,即石屋处也。三年丹就,元精发而光显,遂依于泰山焉。

碧霞元君为凡女之说,在民传说中尤为盛行。

东岳大帝之女说　据《绘图三教源流搜神大全》记:

> ……金虹氏者,即东岳帝君也。……帝五子:宣灵侯、惠灵侯、至圣炳灵王、居仁尽鉴尊师、佑灵侯;帝一女,玉女大仙,即岱岳太平顶玉仙娘娘是也。

又《帝京景物略》云：

> 按稗史：元君者，汉时仁圣帝前有石琢金童玉女。
> 至五代，殿圮，石像仆。童泐尽，女沦于池。至宋真宗
> 封泰山还，次御帐，涤手池内，一石人浮出水面，出而
> 涤之，玉女也。命有司建小祠安奉，号为圣帝之女，封
> 天仙玉女碧霞元君。

黄帝玉女说　李谔《瑶池记》、高诲《玉女考》皆以为：
碧霞元君是黄帝所遣七女中之修仙得道者，后世因之祠于山。
《古今图书集成·神异典》引《玉女传》云：

> 泰山玉女者，天仙神女也。黄帝时始见，汉明帝时
> 再见焉。按《玉女考》、李谔《瑶池记》云：黄帝尝建岱
> 岳观，遣女七，云冠羽衣，焚修以迓西昆真人。玉女盖
> 七女中之一，其修而得道者。

有很多人坚持这种说法，如王思任在《登泰山记》就认为：

> 予意先谒青帝，而道士第知有元君。考元君之始，
> 黄帝封岱，遣七女，云冠羽衣，迎昆仑真人，元君其
> 一也。

华山玉女说　据王世贞《游泰山记》云：

> ……元君者，不知其所由始，或曰即华山玉女也，

天下之祝厘祝福者趋焉。

又王世懋《东游记》亦称："考道书，元君即华山玉女也。"

还有一种说法，认为碧霞元君是西天斗母精运元气的化身。泰山顶有一铜钟，上铭有《太上老君说天仙玉女碧霞护世弘济妙经》，经云：太上老君在集众仙说法时，"忽然东方祥云瑞霭，异味声香，仙音嘹亮……。一女仙云肩羽衣，锦绣霞裙，登云珠履，百宝翠冠"，从容而至，自言是"西天斗母精运元气发现，金莲化生吾身，归隐岱岳，修炼年久，意如初兴，幸逢正果，功成道合。感蒙保奏，受敕'天仙玉女碧霞护世弘济真人'，永镇泰山。"以上几种说法，基本上概括了碧霞元君的来历及身世。我们不妨分析一下这些说法所要表达的意义。

先说黄帝玉女说与华山玉女说。人们往往把黄帝视为中国的始祖，尤其是方士、道士，把黄帝尊为神。有一则《黄帝玄女战法》的故事很有意思，是说黄帝与蚩尤打仗，九战而无一胜。黄帝来到了泰山，在这里见到了人首鸟形的玄女，得到了战法，这才打败了蚩尤。既然黄帝得惠玄女于泰山，那么遣身边玉女去报答泰山便是可以理解的了。同时，与黄帝有一定的关联自是千载难逢的机缘，是不能错过的，这便是碧霞元君为黄帝所遣的玉女之说的本源。这也符合中国文人做事的传统习惯。至于华山玉女说，是与玉女所源的地望有关。《文选·张衡〈思玄赋〉》：有"载太华之玉女兮，召洛浦之虑妃。"之诗句，刘良注："玉女，太华神女。"所谓"太华之山"即是华山。由于华山玉女影响很大，以致人们一讲到玉女，便自然会想到华山。因此人们将碧霞元君附会为华山玉女就不足为怪了。

再说凡女得道说和东岳大帝之女说。凡女得道成仙的说法，应是黎民百姓向往自由平等摆脱社会压迫思想意识的反映。在泰山的民间传说中有一则保存较为原始的《泰山女神碧霞元君的来历》神话，可以作为碧霞元君"凡女得道"说的补充。神话的大意是：在很早以前，泰山之南的祖徕山有一位为人正直，家里很穷靠种地过日子的石敢当。他有三个女儿。大姑娘、二姑娘出嫁后，只有三姑娘在家。这个姑娘从小勤劳，心地善良，为帮父母过日子，三姑娘每天要到祖徕山砍柴，然后到集市上去卖，用以买粮糊口。有一天她正在山里砍柴，遇上风雨迷了路，遇到一位老嬷嬷，并在老嬷嬷的山洞里住了一夜。从此以后，每逢砍柴，必定去看望这位老嬷嬷。有一天老嬷嬷对三姑娘说："你去泰山吧，那里还没有个当家人,你去吧!",并授予她当泰山主人的办法。后来与众神仙争做山主时,用老嬷嬷教给她的办法取得了胜利。这样,三姑娘成了泰山的当家人。三姑娘成为泰山的君主,封号是"碧霞元君"①。

说碧霞元君是东岳大帝之女,意在借东岳大帝的影响。东岳大帝是中国历史上地位最为显赫的山神,同在泰山的碧霞元君出现较晚,以辈分来划分是很自然的事。况且,以东岳大帝已有的影响作为基础,成为他的女儿也是比较理想的。不过,后世元君香火之盛,竟取代了东岳大帝的霸主地位,则是当时人所料想不及的。在民间还广泛流传着碧霞元君是周武王的爱妃、黄飞虎之妹的说法,这是受《封神演义》中东岳帝是黄飞虎一说的影响造成的。说碧霞元君与西天斗母有关,是道教所为,意在借太上老君之口,表现其所在道教中的影响。另外,还有认为碧霞元君是玉皇大帝的妹妹,这大概是因为泰山有玉皇顶玉皇庙的缘故吧。

综合以上分析,我们认为最有价值的是凡女得道说与东岳帝女说。前者所体现的是一种平民意识,是对现实世界人

---

① 《泰山民间故事大观》,文化艺术出版社,1984 年。

们的生活欲望予以的最大限度的肯定，平民百姓也可升入仙界，不受社会、自然的束缚而逍遥自在，并造福于民。这一方面反映了人们渴望自由生活的愿望；另一方面，则是对现实生活的积极抗争，寻求得到精神补偿和力量。这也是碧霞元君之所以为广大平民百姓拥戴的基础。也可以这样说，是平民化的宗教观念构筑起了碧霞元君雄厚的社会基础。东岳帝女说，则是从一个方面强调了与历史悠久的泰山崇拜的"血缘"关系，以至借助于泰山神而得最高统治者的崇奉，这乃是中国君主制的宗法社会在泰山所引起的连锁反应。而黄帝玉女说，其用意无非要说明这位女神信仰的久远历史。碧霞元君与人类始祖黄帝早在泰山已建立起不可分割的关系，不能不说是一种光荣。至于华山玉女说，与其它说法相比较，似无更深的内涵。

如果我们将东岳大帝与碧霞元君作一比较，我们就会发现，两者信仰都与东方崇拜有关，有着同源连带的文化关系。在前面我们已谈到，东岳大帝信仰源于太阳之崇拜。从碧霞元君信仰最初的形成及被纳于道教系统的变化，也不难看出与东方崇拜的关系。

何为"碧霞"？据《说文解字》：石之青美者为碧。"碧"

最初出现在文献中，是与山联系在一起的。《山海经·西山经》就有"又西百五十里高山，其上多银，其下多青碧"的记述。再说"霞"，霞本是一种气象现象。《说文解字》释"霞"曰："赤云气也"，云气因日光斜射而呈现赤色。霞，也可以认为是一种红色的称谓。"碧"、"霞"组合，从字面内容看，是一种色彩现象的集合。但碧之青，是东方之色；霞之光，是日出日落前后天空出现的光彩，这与方位及日光紧密地联系在一起。因此，"碧霞"一词，即是东方的日光之霞，包含了东方、太阳崇拜的种种因素，它是与东岳泰山的崇拜信仰一脉相承的。

碧霞元君信仰的核心是以关于生育成长观念为基础的，这同样源于泰山"东方主生，一本乎坤元资生万物"的信仰系统。东方是日出的地方，是万物生命的萌发之处。东岳——泰山是生命复苏和万物萌生之源。于此可见在以泰山为代表的东方崇拜的文化链中，方位与生命之环紧扣着泰山信仰文化结构的内核。碧霞元君信仰首先是满足广大妇女生子欲望而降临人世的。在罗香林先生《碧霞元君》中说，她"是管妇女及小孩的女神"。在信仰者看来，碧霞元君可使她们能生子，能保佑小孩的顺利出生及健康成长。随着她影响的扩大，职司的功能也随之增加，但碧霞元君"主生"的功能始终占据着整个信仰的中心。故世俗又将她称之为："泰山老母"、"泰山奶奶"以及"泰山娘娘"等。

在碧霞元君的庙宇中，除祀碧霞元君外，尚有"送子娘娘"、"眼光奶奶"之祀。一神三体，其职司范围的具体化更明显地体现出所包含的东方崇拜的因素。送子娘娘能送子，自不必说来源于泰山居东方主发生之气的观念。而眼光奶奶能治眼疾，是一位光明的使者，是"大明"之神，这不是一种偶然的巧合。"主春，像日之明"（《帝五世纪》），这乃是东方崇拜中同一文化结构下的"殊途同归"。"眼光奶奶"作为光明之神，实是太阳崇拜的延伸。因为光明源于太阳，这位东方女神同东岳大帝一样，其信仰缘起于对东方的崇拜、对太阳的崇拜。东岳大帝和碧霞元君，同是太阳之神。

（二）"圣帝"——一位威然起敬的生死之神

人们习惯上称泰山神——东岳大帝为"圣帝"，这与皇帝们给他的封号有关。唐玄宗封泰山为"天齐王"，宋真宗封泰山为"仁圣天齐王"、"天齐仁圣帝"，元世祖封泰山为"天齐大生仁圣帝"，故有"圣帝"之称。一提起"圣帝"，人们就会有一个威严感，这一方面来自它是泰山的化身，这本身就是一种神圣崇高的象征；另一方面，则是受最高统治者的影响。你想，连皇帝老子在泰山神面前都毕恭毕敬，何况平民百姓呢？没有人敢"有眼不识泰山"。(图17)

图17　岱庙天貺殿中的泰山神像

　　人们之所以崇拜神，是认为神有超人、超自然的能力。人们祷祀神，也无非是想从神那里获得一定的利益。总的说来，东岳大帝有两个基本的职能，即主生和主死。别小看这两种职能，它可概括世间一切事物发生、发展的基本规律，可延伸出许许多多相互关联的事情。

1. 新旧相代　固国安民

先秦时期，泰山能孕育万物的观念已经形成。泰山处于东方，是太阳出升的地方。东方日出是一日之始，东方属春，是一年之始，因而泰山主生是理在情中。既然能主万物之生，那么，一个王朝的出现，一个新生命的诞生，自然都在泰山的管辖之中。所以，一个新的朝代出现后，新的君主就必须到泰山去祭祀、去报告，并以此证明自己是受命于天的，是上天的代言人。只有到过泰山，才算有了合法的地位，才能名正言顺的统治天下。

史前的舜是这样做的，秦皇、汉武也是这样做的，人们没有理由不相信。泰山封禅的出现及帝王的一次又一次朝山祭祀活动，更使百姓们深信不疑。宋代以后，封禅是没有了，但朝廷每逢嗣统、祈年，都要来泰山热闹一番，这在百姓的眼里与封禅并没有多大的差别。有一种说法，叫作"泰山安则天下皆安"，说的就是泰山具有安定天下的功能。其实这也不难理解，都是由于"名岳配天"传统观念的影响造成的。泰山是"配天"之山，是"镇国"之山。泰山是国家统一，百姓乐业的保护神。

2. 延年益寿　长命成仙

生是现实的，死也是现实的，尤其是当人正满足现实生活的时候，对死的恐惧是最敏感的，人们渴望不死长生。上泰山可以长寿，上泰山能见到神仙，这些说法，在秦汉时期就很流行。在战国时期，海岱地区就有着方仙道的活动，当这股仙风吹到朝廷以后，帝王们推波助澜，一时间仙话四起。秦始皇来泰山封禅，就有祈寿的意思，到了汉武帝则变本加厉。因为这时出了"封禅则不死"（《史记·封禅书》），可与神通的仙话。汉武帝比秦始皇幸运，据说在泰山见到了泰山老父，并得到了长寿的秘诀。他也曾目睹过泰山神仙稷丘君料事如神的风采。正是封禅与不死成仙连在了一起，才使得武帝一而再，再而三的来泰山，前后竟有八次之多。来泰山的目的也不避讳，为的就是"登于泰山，万寿无疆"（汉武帝《鼎铭》）。

最高统治者的举动，自然会影响百姓。上泰山，见神仙，……受长命，寿万年（汉《太山镜铭》）的流行说法，人们是深信不疑的。在人们的心目中，泰山神是保国安，主寿限的神主。泰山神能治病的说法，也是这种长生不死观念的延伸。

3. 福禄官职　贵贱高下

在现实生活的种种现象中，大概没有什么能比贫与富、贵和贱那么明显突出而令人不甘忍受的，谁不想富一点，高贵一点？既然泰山主生，那么生的质量如何？也应当是泰山神的管辖范围，于是人生中的富贵贫贱之事还需靠泰山神来指点迷津。《东岳泰山图说》云：泰山主世界人民官职，兼主贵贱之分。你要做官吗？或者职务再升一点？你想摆脱低下的身份吗？或者过的再富裕一点，那好，你就到泰山来吧，泰山神可助你一臂之力。

民间有个"丈人峰"的传说，说的是唐代封禅使张说，借泰山祭祀之事提升了自己的女婿。唐玄宗问其缘故，张称"是泰山之力也"。张说之为，虽已成为后世以权谋私的笑料，但从这个传说故事中，可反映出泰山能使人禄厚官升对人们观念的影响。

4. 生死之期　鬼魂之统

求长生是人们普遍的心理愿望。生与死是相对应的，生与死的关键在于魂，没有了魂，生命也就算是完结了。泰山神就有着招魂统鬼的本领，并能知道人的寿期。所以《博物志》说：泰山神，主召人魂魄。能知道人寿的长短。

最出名的例子是汉武帝探策求寿的故事。汉武帝想知道自己的寿限，于是到泰山去探求知人年寿的金箧玉策，探策得十八，因倒读为八十，"其后果用耆长"（《风俗通义·正失》）。能改变原来既定的期限，使其长寿，这在传说者看来，是与汉武帝接二连三地来泰山有关系的。三国时期的文学家应璩在他的《百一诗》中，也可以看到泰山知寿期的诗句："年龄在桑榆，东岳与我期。"

图18　地狱十殿中的泰山王

在民间，泰山管理鬼魂的说法很流行。汉代就有"死者魂神归岱山"（《后汉书·乌桓传》）、"生属长安，死属太山"的说法①。佛教传入中国后，泰山神成为地狱之主，为此道教也做了很多文章，学着佛教的样子，也把他拉入地下世界，"掌人间善恶之权，司阴府是非之目"（《元始天尊说东岳化身济生度死拔罪解冤保命妙经》），泰山神便成了名副其实的天下鬼魂的管理者。(图18)

泰山神主生主死的职能，是有着无比威力的。是的，任何人都必须面临生与死这两大难题。正是这生与死的判定及其观念事象的延伸，泰山神——东岳大帝成为大可安邦治国，小可使人长命，阳管福禄厚薄、贵贱高低，阴掌万鬼之魂，冥死之期等，不能不说其权势之大，因此谁也没有胆量不买他的账。

(三)"奶奶"——一位慈善可亲的希望之母

"泰山奶奶"、"泰山娘娘"、"泰山老母"，人们是如此亲切

---

① 东汉镇墓文："生人属西长安，死人属东太山"、"生属长安，死属太山"。虽为东汉之文，但沿袭的仍是西汉的说法。见《镇墓文中所见到的东汉道巫关系》。《文物》1981年，第3期。

地称呼泰山女神碧霞元君的。她的庙宇也就呼做奶奶庙、娘娘庙。自明代以来，民众对她的信仰超过了东岳大帝。如果说，东岳大帝因受到最高统治者的崇尚在历史上显赫了上千年；那么碧霞元君则是靠着百姓大众的信赖而走上山去，又走下山来，并征服了大半个中国。

"碧霞元君"是道教给她的一个名号，至于这个名号是什么含义先不管它，重要的是在民众中对她权力职能的理解。对此明《东岳碧霞宫碑》是这样记载的：

> 齐鲁道中，顶斋戒弥陀者，声闻数千里，策蹇足茧而犹不休，问之，曰："有事于碧霞"，问故，曰："元君能为众生造福如其愿"。贫者愿富，疾者愿安，耕者愿岁，贾者愿息，祈生者愿年，未子者愿嗣，子为亲愿，弟为兄愿，亲戚交厚，靡不交相愿，而神也亦靡诚弗应。

从碑铭来看，碧霞元君能满足祈求者的所有愿望，她是一位万能的保护神，差不多人间的一切祸福都能管。碧霞元君——广大民众的泰山奶奶，何以能深入人心，倍受信奉呢？这是泰山文化的魅力所在，也是碧霞元君有亲近的人性特征及平凡的人格所致。

1. 平凡的身世 慈善的形象

明代人张岱在他的《岱志》中，对东岳大帝的形象曾这样描述："圣像庄严，罗列阴森，不敢久立。"与东岳大帝相比较，先不说碧霞元君的来历如何，职司怎样？仅看到她的形象，便给人以慈善可亲之感（图19）。甚至连国外人士也有这种感受。有一位来过泰山的日本人曾这样描述道：她"有着美丽而丰满的面容，给人一种可以信赖的庄重的感觉。我理解人们的心情，他们怀着极大的心愿，认为这种心愿不到泰山顶就无法祈祷。"① 在香客的心目中，碧霞元君像是一位慈祥的长者，在佑护着自己的子孙。倘若再深一点去看，碧霞

图19　碧霞祠中的碧霞元君像

① 〔日〕福井康顺等监修：《道教》第一卷，上海古籍出版社，1990年，第140页。

元君可亲的背后是她那像平常人一样的身世。

关于碧霞元君的身世，尽管有着很多的说法，但在民间影响最大的还是她的平民出身。她是泰山人，从小心地善良，勤劳聪慧，受到仙人的指点而入山修行，最后成仙于泰山。一般人也可升入仙界，也可有着非凡的好的生活，体现着平民百姓渴望自由生活的愿望，这种意识的本身就是对现实生活不平的抗争。在民间故事中，碧霞元君还是一个不屈的形象，她曾与玉皇抗争，与龙王相斗。这些也正是碧霞元君有着雄厚牢实的社会基础的根本原因。

平凡的出身，相同的愿望，消除了低层劳苦大众的心理隔阂，而把她作为自己的亲人看待。"泰山奶奶"、"泰山娘娘"、"泰山老母"的称呼就是人们已把碧霞元君看作是家人的一种反映。这种关系是至诚至信的，这曾使见多识广的明代巡抚御史何起鸣在谈到这种关系时感慨万分："四方以进香来谒元君者，辄号泣如赤子久离父母膝下者。"（《岱史·巡抚都御史何起鸣宣谕》）

2. 女性之爱 可敬可依

如果说碧霞元君的平凡出身与东岳大帝身居高位、神态威严相比，平民百姓感到她平易近人、和蔼可亲；那么她的

女性特征更是东岳大帝所不能比拟的了。(图20)

从发生的角度讲，碧霞元君崇拜首先是从广大的妇女开始的。在中国几千年的封建社会里，妇女始终生活在社会最底层，在社会上受歧视，在家庭中同样没有地位。这些养成了她们自卑自贱的负重心理。与男性相比，她们更渴望得到解脱，为自己寻求精神上的支柱。碧霞元君就是在这种背景下诞生的，她集善良、仁

图20 民间画片中的送子娘娘

慈、美丽于一身，成为和蔼可亲、乐施好善的象征。甚至，人们因其母慈还将其视为天下之正神："东岳祀事之盛，首碧霞元君。元君，……是天下正神。……夫乾天称父，坤地称母，父严而母慈。凡男、妇欲祈年、免病、求嗣、保寿，竭诚于元君前者，元君即如其意佑之，惟慈故也，其灵应何昭昭也。"(清《万善同归碑》)是的，人们对"父严而母慈"遗训的体会是深刻的，这的确是碧霞元君的一个优势。作为一位女神，让人不但可亲，而且可值得

信赖，谁都愿意将自己心中的苦闷及希望倾诉给这位慈祥的老母。

3. 生命之神　现实之主

碧霞元君平凡的身世，慈母的可亲，把她与平民百姓的关系拉近了，而元君所管的又是人们所最关心的现实生活中的实际问题，因而以平民信仰的优势取代东岳大帝在泰山的地位已是大势所趋。

前面说过碧霞元君信仰，首先是作为妇女生育信仰的偶像出现，继而走向社会各阶层的。妇女要祈求的事情固然很多，但在封建社会里最重要的莫过于"生儿育女"。在"多子多福"的传统意识严重束缚下，妇女生活多灾多难，盼子、求男成为妇女生活中的基本夙愿，她们需要一位能理解自己的神，来解除自己的痛苦。而泰山一向被认为是生育万物的地方，"生儿育女"也自然在其职责之内，于是关于生育观念的信仰便逐渐集中到了碧霞元君身上，从而成为古代妇女信仰的主要对象。泰山神——东岳大帝本来也是主生的，只是后来佛教、道教的掺入，使其变为了招魂治鬼的主神，况且他又是男性之神，妇女求生育子之事也就多有不便，只好让位了。

人们围绕元君主生的功能，根据自己的需要创造出更多的与生育有关的各种职能。对此，早在 20 世纪二十年代罗香林先生就曾作过精辟的论述："碧霞元君最初只是被认为能管理妇女问题的，所以士大夫中没有去注意。后来奉祀的人渐渐杂了多了，声名渐渐远了，于是她的职能，也就由香客意识的转变，而一天一天的扩大，到了现在，差不多人间一切的祸福都能管了。……小之一家人口的寿夭祸福，四方农民禾稼的丰歉，大之社会的良窳，国家的治乱。"碧霞元君成为了能解决现实问题的万能女神①。如此，"四方男女不远千里进香报赛，皆有事于元君，而后及它庙也"（《泰山道里记》）。

（四）"长春会"——一个春季节的交响

在这里我们要考察的是泰山庙会的会期问题。

当人们在一定的季节或某一具体的时日，不约而同地集结到庙中，举行大致相同的祭祀活动，并逐渐程式化、规范化，那么庙会的会期就定型了。泰山庙会会期的出现及变化，反映了泰山信仰的基本特点。

---

① 罗香林：《碧霞元君》，1929 年，《民俗》第 69、70 合刊。

1. 东岳大帝诞辰

给所崇奉的神一个像人一样的生日，这是神人格化的一个特点，这也便于人们每年来一次隆重的庆典，给神奉献一次礼，以表达自己的心意，并作为一个重大的节日，记在人们心中。在泰山的刻石中，有一则宋治平四年（1067年）李舜举奉命祭祀泰山神的题记，刻曰："祷祀帝岳，奉香胜概于寿圣节日。"表明东岳大帝的生日在宋代已经确定。在泰山当地，一般将诞辰称作"生日"或者"好日子"。给东岳大帝定个生日，应是道教的功劳。

在《搜神记》卷一及《诸神圣诞日玉匣记等集目录·圣诞令节日期》中提到东岳大帝的是"三月二十八日生"，其日称之为"圣诞"。在这一天全国各地的东岳庙皆在庙中举行盛大庆典。明代沈榜所著的《宛署杂记》卷十七说：京师的东岳天齐庙"规制宏广，神像华丽。……三月二十八日，俗呼为降生之辰，设有国醮，费几百金。民间每年各随其地预集近邻为香会，……是日行者塞路，呼佛声振地，甚有一步一拜者，曰拜香庙"。南方也是这样，明代人田汝成在《熙朝乐事》中云"三月二十八日，俗传为东岳齐天圣帝生辰，杭州行宫凡五处"。这一天"士女答赛拈香，或奠献花果，或诵经上寿，或枷锁伏罪。钟鼓法音，嘈振竟日"，甚是热闹。以三月二十八日作为东岳大帝的诞辰，举行庙会在清代亦然。《清嘉录》卷三就云："（三月）二十八日，为东岳天齐仁圣帝诞辰。"在东岳帝殿，"祈恩还愿，终岁络绎，至诞日为尤盛"。

在泰山，三月二十八日这一天自然要举行盛大的典礼，《水浒》中燕青打擂的场面可见一斑。元曲《刘千病打独角牛》第三折也曾说到"今日是三月二十八日，乃是东岳天齐大生仁圣帝圣诞之辰……端的是人稠物穰，社火喧哗"。在明清之时，也循其俗，每年诞辰之日，"天下之人不远千数百里，各有香帛牲牢来献"（《重修蒿里山神祠记》）。

2. 碧霞元君诞辰

碧霞元君的诞辰，记载最多的是四月十八日。"四月十八（泰山）顶上奶奶的圣诞……这是哄动二十合属的人烟，天下的货物都来赶会，卖的衣服、首饰、玛瑙、珍珠，甚么是没有的。奶奶们都到庙上，自己拣着相应的买"（《醒世姻缘传》第六十八回）。刘侗在《帝京景物略》中说："岁四月十八日，元君诞辰，都士女进香。"因地域的差别，也有把三月十五、三月十八作为泰山奶奶生日的，如傅振伦先生于民国年间写的《重游泰山记》就谈到泰山庙会会期："时值夏历三月中

旬，为泰山庙会之期，善男信女，远道而来朝山进香者，相
望于途。"

时至今日，当地民众把农历的三月十五日看作是泰山奶
奶碧霞元君的生日。1997 年的这天，笔者曾目睹过泰山进香
的情况。其场面虽然已没有往昔的热闹，但也比常日的香客
多数十倍。因受上泰山要买进山票的影响，乡下或泰城进香
者大多数在红门宫及小泰山烧香、烧纸，以表心愿。一时间
小泰山上下，人涌如潮，买香纸、元宝者充满盘路的两旁。
小泰山旁小小的奶奶庙前，进香者拥挤不堪，等待着给老奶
奶进香，管理人员不时传来催促的喊叫声。(图 21)

3. 会期选择与泰山信仰

图 21　小泰山进香盛况

东岳大帝、碧霞元君的诞辰时间，在不同的地区有着一定的变化是很自然的。信仰相同，但所据的传说不同，就会有具体日期的不同。至于东岳大帝的生日为什么选在三月二十八，碧霞元君的生日选在四月十八或三月十五，已不得而知。当我们不限于这种具体月日的确定，从宏观的角度考虑时，我们会发现这与泰山的信仰是一脉相承的。

前面已谈到，泰山信仰源起于太阳崇拜、东方崇拜。泰山地处东方，是太阳升起的地方，在五行思想中属木。这个"东"字，在古人看来是"从日，在木中"（《说文解字》），泰山之所以成为"万物交代之处"，就是太阳崇拜、东方崇拜的结果。《白虎通·五行》说："东方者，阴阳气始动，万物始生"，"东方者，木也，万物新出地中。"东岳大帝、碧霞元君的信仰均缘于太阳崇拜，两位泰山之神的基本职能就是东方始生万物观念的反映。与东方崇拜有关联的还有四季之首的春，古代传说中的太阳神伏羲，因以木德称王，故名春皇。古人有"东方曰春"（《公羊传·隐公元年》注）的说法。春是一年之始，也是万物苏醒的季节，既然泰山是东方之山，那么对其祭祀，自然就以春季为好。

史前时期，舜在祭祀山岳的时候，就在春季祭祀泰山，在夏季祭祀南岳，秋天祭祀西岳，冬季祭祀北岳。汉武帝八次祭祀泰山，记述明确的就有六次是春天来的。因此说，东岳大帝的生日，碧霞元君的生日，无论是定在三月还是四月，都是在春季，这是与泰山信仰相联系的。对香客来说，因地域的不同，来泰山赶会有前有后，但均在春季乘行。正是基于这种观念，古代的泰山庙会在时间的确定上，并不仅仅局限于某月某日。

为撰写本书，1997 年笔者曾就泰山庙会会期作过调查。现年 88 岁的李希奇老人告诉我们：泰山庙会"从正月到四月初八，叫'长春会'。那时岱庙的道士在城门上挂两个灯笼，写着'长春会'"。现年 87 岁的徐振坤老人，当我们问及东岳庙会是怎么回事的时候，老人说："就是到泰山庙会朝山进香。那时叫'万古长春会'，庙会从大年初一到四月初八。正月里淄博、临沂、德州的从山后来。阴历二月，南边的徐州、藤县的也来了。三月是当地及附近的来。"他解释说，"万古"是若干代就这么传下来的，"长春"说的是持续一个春季，所以叫长春会。到了四月初八就结束了，来的人就少了。

关于庙会持续一个春季的情况，也见于明清的文字资料中。明代的李裕在《登泰山记》中，记述了成化乙酉年（1465

年）游泰山时，曾就香期询问过碧霞祠的道士，道士的回答是："每岁春月，四方谒者踵至。"碧霞祠庙会与岱庙的庙会的时间大致是一样的，明人于慎行在《登泰山记》中，也曾谈到在三、四月间，登山礼元君者，达数十万之众。还有因春月时"祷祠者众"，旧时登山盘道狭窄而往往有香客被挤下崖谷的（吴同春《续游泰山记》）。明张岱的《岱志》也有香客"春初日满二万"的记述。

泰山庙会，之所以叫"万古长春会"，一是说它形成很早并且长盛不衰，这是万古；一是说它持续时间长，占了一个春季，这便是长春。长春会，这是春天的交响。

三、需要就是现实

——香客　香客店　香税

　　随着东岳大帝、碧霞元君影响的扩大，前来进香的人越来越多。这些人被称为"香客"或"香官"。有了统一的信仰，有了大致相同的目标，往往是结伙而行，自然而然的便有了相应的组织，有了相应的主事人，这些组织被称为"香会"或"香社"，其主事人就被称作"会首"、"社首"或"香首"、"香主"。无论香客是有组织还是无组织，只要来泰山就需要吃饭就需要住宿，香客店便应运而生。进香需要拿税，还设有税官进行管理，这恐怕在偌大的中国并不多见。香客、香客店、香税，都是随着现实的需要发生、发展的，也是泰山庙会的重要组成部分。

(一) 来的都是客

香客, 当地方言读作 "xiāng kěi", 客, 就是亲戚。当地人是将前来进香的香客, 当作自己的亲人来称呼的。

香客的信仰是神圣的, 他们的使命也是神圣的, 他们的活动会受到人们的尊重。在《水浒传》第七十三回就曾描述, 前来泰山进香的凤翔府的香客, 路过梁山泊时被误抓。在忠义堂上, 宋江得知是香客, 便叫小校放了他们:"快送这伙人下山去, 分毫不得侵犯。"并吩咐部下"今后遇有往来烧香的人, 休要惊吓他, 任从过往"。占山为王的尚且如此, 何况他人。

在当地人看来, 香客是来行善的, 能为香客做点事也是为了行善。为了朝山的人免受口渴之苦, 山上常有施茶者, 为此有的还结了社。如明万历三十三年 (1605 年), 莱芜县人苏冲气为修善作福, "施茶一年, 众人诚心, 同名会社, 各出己资, 共集一处, 普舍施茶。八方往来人等, 济饥渴之后, 缘登山涉水。于就顶路三元宫中寓居, 施茶三载"(明《莱芜县进香施茶镌石碑记》)。万历三十八年 (1610 年) 的《施茶碑记》也载:莱芜人朱白然等人, 于万历三十六年 (1608 年)

"见四方同志者，当暑候盘旋巅下，每每艰于壶物，心甚怜之。遂而结社施茶，普济群生，于今三年，事阅数十人"。他们将进香者称为"同志"，他们的心愿是一样的，目的也是一样的，这就是"众求百福袖手待，独操一心意马悬。祈祝圣母加吉庆，愿赐阖会福寿会"。施茶于"同志"也是修善，施茶为的是众会员的共同利益。

来泰山进香的人很多，少不了非常贫穷的人甚至残疾者，但是只要是来朝山的，如无衣无食往往也能得到一点照顾。他们来进香，当地的百姓都会尽点力，就连官府也会有恻隐之心，"老稚、孤穷、瞽聋、残废无倚者，当香者盛日，来穴处土石间丐食，及香者不至缺食日，似可取香钱之余给之；冬则贸絮施之，稗少济须臾；倘毙，则收瘗之，亦无俾作秽，以安香者、游者。庶几祐神助灵，亦拯民生一端"（明杨时乔《泰山文碑刻》）。这种对香客"不至缺食日"，"贸絮施之"等种种救济的做法，这在当时都被看作是积德修善之举。

在香客店，店主是尊重香客的。一方面这是经营之道，另一方面也有积善的因素，因为大部分开办香客店的人与香客有着同样的信仰。香客来住店要迎，走要送，甚至还有店主"携酒核浇足，谓之接顶"及夜来唱戏"开筵酌酒相贺，谓朝山归"(明张岱《岱志》)的规矩。

在西周生辑著的《醒世姻缘传》第六十九回《招商店素姐投师　蒿里山希陈哭母》中，就曾谈到"接顶"、"朝山归"之事：

> 烧香已毕，各人又都各处游观一会，方才各人上轿下山。素姐依旧不敢上轿，叫狄希陈挽了，走下山来，走到红庙。宋魁吾治了盒酒，预先在那里等候与众人接顶。这些妇女一齐下了轿子，男女混杂的，把那混帐攒盒，酸薄时酒，登时吃的风卷残云，从新坐了轿回店。素姐骑着自己的骡子同行，方才也许狄希陈随众坐轿。到了店家，把这一日本店下顶的香头，在厂棚里面，男女各席，满满的坐定，摆酒唱戏，公同饯行。当中坐首席的点了一本《荆钗》，找了一出《月下斩貂蝉》，一出《独行千里》，方各散席回房。

"接顶"由店主宋魁吾亲自到山下去接，并有饭酒侍候。回店后的"朝山归"，仅有当日下山的香头参加，宴席上男女各席分开，并有主次席之分，一同酌酒唱戏庆贺，同时也是为大家饯行。

庙会上的各家买卖，店家也会对香客另眼看待。凡是进香的，店家一见便会知晓，因为他们要么打着进香的三角旗，要么胸前戴着香会的标志。店铺掌柜的会时时告诫伙计们：与香客们说话得注意，不能把他们当外人，要高看他们一眼，因为人家来泰山是兴善的。店家把为香客服务，或是对他们好一点，也看作是一种积善行为。久而久之，就因为是来泰山进香的，香客说话行事也往往不把自己作为外人，总有一种自豪的感觉在支配着自己。

(二) 客也需要组织

香客来泰山进香，或许愿、还愿都是自发的。当相同信仰的人多了，为了一个目的成群结队的活动时，相应的组织是必要的，于是群众性的民间组织——香社便产生了。香社的出现是庙会向规模化发展的重要标志。(图22)

图22　小泰山的香社碑林

1. 香会的结构

关于香社的组织结构，因地域的不同而有所变化。一般情况下，香社由一村或数村的香客组成，也有以家族为单位的。香社的人数不限，有的十几人、几十人，有的上百人乃至上千人。发起人或主事者是这香会、香社的头，叫作会首、会主、社首，或香首、香主、香头等，有的还称为领袖。

对泰山当地来说，香会的组织结构一般情况下是松散的，并无严格的会规及章程。有的只是临时的组织，会员也不是固定不变的，每年或多或少，多寡不一。外地的香会与当地有一定区别，因路程较远，香客众者就需要有较细致的组织，以便于管理。如清乾隆四十四年（1779 年）京都顺天府南路厅文安县，前来朝山进香的香会设有香头、锣主、驾主、蜡主及管事人若干人，由他们"暨领四府八县各里各甲众善人，献蜡进香于泰山圣母位前"（《进香碑》），香客被称之为信士、弟子、善人。

当地较有名的是合山会，以合祭泰山之会故名。这是一个延续时间长、会员分布广的香会组织。香会的成员覆盖泰山东南麓的几十个村庄。此会在清乾隆四十八年（1783 年）所立的《合山会碑记》称：此会早在 15 年前（1768 年）即有建醮之礼。碑记中未有提及组织者，在清道光十年（1830）年所立的《题名碑》及清光绪十九年（1893年）的《合山会记》等碑中，同样也未提及具体的会首之类的主事人。只是说到"年老悫诚者经理其事，名曰会首"。可知合山会的组织机构较为松散，这个会极有可能没有固定的会首。他们只是"历年结社，备物礼神"而已。在1783年的题名碑中，有48人题名，在1830年的题名碑中，有121人题名，在1893年题名碑中，有1 342人题名，足见香客之众。如果将合山会看作是一个完整的香会，自1768年结社至最后一次立碑1893年，就已有125年的历史，并从几十人增至到上千人。"届青阳之月，士女云集，香火载道"，规模很大。

还有一个影响比较大的香会团体，是济南历城的北斗永善香社。清咸丰五年（1855年）《北斗永善社碑》载："历城县城里，旧有北斗永善社，……自明朝至今，相传百余年，实及古会也。每届春间会期，齐集善男信女，朝山进香。"碑载此社社首1人，发起人3人，承办人14人，题名者千余人。

有的香会不仅组织本香会的香客朝山进香，而且各香会间也有联系，承办一些大的施舍项目。现在岱庙内的铁塔（图23），就是由各地香会组织施资铸造的。铁塔铸于明代嘉靖十二年（1533年）八月，原置天书观后移岱庙。在残存的三级塔体上，就有香客题名上万人。香客以县乡香会组织为单位，有的十几人，多的有上百人，以河南开封诸县乡为主，也兼有江西、山东等地的信士。当时泰山碧霞元君上庙碧霞祠的住持及下庙灵应宫的住持也一并参与了此事。

图 23　铁塔

有的香会"香火因缘"，是临时结伙而行，人数不定，没有明确固定的主事，更没有会名。如清道光十二年（1832年）所立《范镇善信题名碑》所载的泰城东的范镇村的香会"善信数人，邀会邻里，连社祀神"就是一例。

据现有材料，明、清、民国时期在泰山比较活跃留下影响的香社，外地的有河南开封府诸香社、河间府景州城南大枫林香社、京都顺天府南路厅文安香社等，山东当地主要有济南历城的北斗永善香社、济南府济阳县南乡的岱社、武定府蒲台县西南路仁字乡的同心社、东昌府茌平县南关七圣堂香社、莱芜苏氏的施茶会社、莱芜朱氏的施茶会社、泰安东南乡的合山会、范镇善信香会、前省庄香社、高兴官庄孙贵为首的香会、峆峪鹿角庄的进香会、好义乡峆峪里的刘凤仙香会、莱邑陈家楼的元君祠香社、茌家庄赵公香会、邑东南乡近山村的香火社、山下泰城的灯油会等。

2. 香社的组织形式

香会的联络是怎么进行的？朝山进香盘缠的筹集又如何？这就是我们要说的组织形式。在泰山进香活动的资料中，没有发现像北京妙峰山庙会那样，会前发通知用的所谓的"会启"一类的东西，这可能与来泰山进香的香客人员结构有关。

在泰山香客的成员中，有一个现象是值得注意的，这就是香客以女性为主。在文人笔下的泰山记事中，香客多以"士女"为对象。在众多的进香碑中，题名者也以女氏为多，有的香会直接就没有男性参加。在《醒世姻缘传》中，素姐参加的那个香会，会首是老张、老侯两个婆娘。素姐曾问："怎么会里不着男人作会首，倒叫两个女人做会首呢?"两个道婆说："这会里没有汉子们，都是女人，差不多八十位人哩。"在我国古代，识字的人本来就不多，而生活在社会最下层的贫苦女性不可能与文字有缘，因此诸如"会启"一类文字的东西，对她们来说是没有多大意义的。况且，泰山庙会会期长，要持续一个春季，"季春月，……登岱起岳社"（《历城县志》卷五《地域考》），故前来进香，并不局限于某个时日，随时可动身朝山，不必事前做很多文章。香会的联络形式以口传为主，这就是所谓的"比邻相约"（清《邱家店等村信女题名碑》）。如有事泰山，选定日期后，以口相传于诸香客。"捎信"（口信）是她们特有的联络方式，以沟通相互间的联系。

香客接到口信后，要根据自己的情况来决定是否参加此次进香，也不是非去不行。如想去则转告主事人或到直接约定的地点去集合，参加香会的集体活动。因此，每次参加的人员不等，有的偶尔参加几次，有的则是次次不缺。这种形式也叫约香会，就是"邀会邻里，连社祀神"（清《范镇善信题名碑》）。从碑刻资料看，一个香会，多有三年以上的结社经历，多者可达几十年或上百年。如清光绪十二年（1886 年）

的"莱邑陈家楼庄，众结元君祠香社，每岁登岱，虔诚叩说，今四历寒暑矣"。(清《万善同归碑》)；泰城东范镇邑香会的进香也是连续四年而立碑。在香客看来，到泰山进香，至少要连续去三年为好。在泰山东面的莱芜，就流传有这样一首歌谣：

泰山烧香连三年，零销鸡蛋攒香钱。
手里有了烧香钱，出门进山不犯难。

泰山烧香连三年，你去我来永不断。
泰山奶奶坐大殿，恩赐众生显威权。
跪在尊前忠心献，求福还愿倍觉暖。

泰山烧香连三年，免灾解难保平安。
只要虔诚在心间，泰山奶奶保佑咱。

人生曲折有苦甜，行善积德路方宽。
只要生平走正道，不怕邪恶乱纠缠。

泰山烧香连三年，遇事通顺时运转。
泰山烧香连三年，树德行善乐无边。
泰山烧香连三年，国泰民安万家欢。①

---

① 歌谣由王景修、李荃亭先生提供。

关于进香的费用，由香客根据自己的情况交纳，有的香会则规定入会所需的数额，或拿粮、或交金银，集中起来后归会首统一支配使用。通常情况下，是以粮食作为交纳入会的费用，有的会是每月敛一次，有的会是夏、秋各敛一次，再由会首折成钱款。也有的是直接敛钱，如清代邱家庄等村的合山会，在进香时"每值岁晚务闲之候，比邻相约，各出资财以市香楮"（清《邱家店等村信女题名碑》）。明代的莱芜施茶香社也是"众人诚心，同名会社，各出己资，共集一处，普舍施茶"（明《莱芜县进香施茶镌石碑记》）。崤峪鹿角庄的进香会也是"敛钱结社，进香建醮"等。所集之资，均用于购置礼神的祭品及进香途中的吃住之用。费用如当年有余，可用于下次进香之用，也可以再做点像立碑传名记事一类的事情。

（三）进香一二三

朝山进香年年有，自然就有了一些约定俗成的说法及做法。这些习俗，虽各地不尽相同，但大致的基本程序及形式是一致的。

关于香客进香的仪程，在《金瓶梅》第八十四回中曾有所描写，也可供之参考。先是吴月娘请吴大舅"商议"要往泰安州泰山顶上给元君娘娘进香，因为西门庆病重之时"许的愿心"。接着"筹办香烛纸马祭品之物"。临行前于十五日早晨"烧纸通信"，"次日早五更起身，离了家门，一行人奔大路而去"。因当时天短，一日行两程，接近黄昏，便"投客店村房安歇"，次日再行。

走了数日，一行人到了泰安州，又在客店歇宿了一宵。"次日早起上山，望岱岳庙来"。进了岱岳庙，在"正殿上进了香，瞻拜了圣像，庙祝道士在旁宣念了文书"。然后在大殿"两廊都烧化了纸钱"。又"吃了些斋食"，继续向山登去。到了山顶进了碧霞宫，"瞻礼娘娘金身"。"月娘瞻拜了娘娘仙容"，香案边立着的道士向前替月娘"宣读了还愿文疏，金炉内炷了香，焚化了纸马金银，令小童收了祭供"。至此，整个朝山进香的过程就算告一段落。以上描述的大致是明末清初情形，其基本的程序是：先商定进好香的日期，准备好香礼，尔后起程。到泰山后，先礼岱岳庙，后上山顶碧霞宫献礼。

1. 约期备礼

香会要朝山进香，事先要做好准备工作，第一是通知本香会的香客要于某月某日起程，以及此次进香所需准备的供礼。

关于日期，有时是上一次进香时就定好了的，有一个固定的日期，不过还是要再通知一下的。一是使香客有所准备，二是所需要的费用需要及时筹办与敛收。朝山进香对善士信女来说，是一件振奋人心的事，是去做善事，不必去做大的动员工作，一般都积极参加，并能及时交上所需的香火费用。当然也有为使费用充足，有的会首不妨做点工作，拉上几个富有的人家。像《醒世姻缘传》就描写了明水镇前来泰山进香的会首老侯、老张争取到了有钱人家的素姐一并前来。

到泰山，给泰山奶奶进献什么样的礼品，是香会的重要议程。礼品一来可表达全体香客的心意，二来也可体现出这个香会的门面。供礼的多少及轻重，也往往能衡量出这个香火会的势力。礼重了会首脸上有光彩，香客心里也壮壮。比较大的礼有神袍、绫帐、宝盖、旗幡、宝马等等，至于献蜡进香则是平常之物了。

给所信仰崇奉的对象一袭袍服，是清代常有的做法。清皇帝就很重赐袍之事。现在泰安市博物馆就藏有乾隆皇帝于四十二年（1777年）所赐的龙袍二件，其中一件身长390厘米，袖长600厘米，图案艳美，制作精细，已列为一级文物精品（图24）。另外，还有旧存神袍8件，也均被列为文物珍品。上有好者，下必效焉，香客以进献神袍为幸事。清道光二十五年（1845年）高兴官庄孙贵主事的香会为碧霞元君"敬制洋红缎袍一件，献于碧霞元君"（清《香会善信挂红袍记碑》）；清咸丰五年（1855年）刘凤仙首事的香会为碧霞元君准备的也是"虔制神袍一袭"，并以为此袍"匪谓衬霞帔珠冠，足壮庄严之像"（清《刘凤仙等题名碑》）。更有甚者，朝山三十余次，献神袍五十多身（《泰山行宫碑》）。

图24 龙凤神袍

对大部分香会来说，所献的物品，每年不一定都一样，往往有所变化。清道光十二年（1832年）所立的《范镇善信题名碑》中就曾记述，这个香会"首岁献袍，次载进幡"。清咸丰八年（1858年）所立的《张孟氏愿许进香碑》曾记："自咸丰五年为始，敬献钟鼓，六年敬献黄罗宝伞，七年敬献龙凤旗幡，八年敬献红门旗杆"等等。

香会所献礼品，有时是会首邀请当地的艺人操作扎制，有时就由香客中的能工巧匠精心制作而成，无论是请人制作还是自己动手，都包含着香客们自己的心血，多被香客所珍视。

有的香会置办好当次的朝山礼品后，还定下来年的礼品。如历城的北斗永善社，清咸丰五年（1855年）备好当年的供礼后，并许愿"圣母娘娘冠袍带裙。如遇年久损坏，仍由会中另行置备"。(清《北斗永善社碑》)。

香会所置办的供礼，一般情况下要开一个礼单（也叫文书或文疏），上面记着所献礼品的名称及数量，甚至详细记有每个香客所交的财物及银两钱数，以备在献礼时交于庙中。除置备献礼外，香会还需准备部分银两、物品，以备捐舍之用。一切准备停当，就可按选定的日期动身出发了。

2. 起程朝山

进香的一切准备工作完成后，就要起程了，动身之前，一般要举行一定的仪式。一是祈求一路平安，二是给泰山奶奶先报个信。最典型的要算是"烧信香"，所谓"信香"，就是向泰山娘娘发出信息，要去进香了。有的地方不但烧信香，而且还要"演社"，叫作"信香演社"，即抬着奶奶圣驾，沿街烧香游行。这本身就是一种显示，全村镇上的人都会知道香会就要动身去泰山了。

在泰山周围地区，进香的日期定好后，一般是一早动身。动身的最后准备工作便放在了前一天的夜里。这时大部分前往进香的香客集合于会首家，香客大部分是熟人，相互见面，免不了一番的问候，最重要的是要举行起身的祭祀仪式。先将奶奶驾（即画有碧霞元君像的轴画）挂在正堂中，下设供桌。桌上摆好上供的菜及酒茶、水果。所上供品的类型及数量，因地域的不同风俗与不尽一样，但都是以高的规格来置办的。在泰安上高一带，一般是摆五个菜、放五个茶杯、五个酒盅、五双筷子，这在当地是大礼。五个菜分别是整鸡、整鱼、方子肉、丸子、豆腐。鸡放中间，其它摆于两旁。鸡象征大吉大利，鱼象征吉利有余，豆腐象征都有福，丸子象征圆圆满满。茶、酒不可倒的太满，也放一些水果，一般是时令性水果，像苹果、橘子一类，有什么摆什么，没有多大的限制。烧香焚纸是必不可少的，由会首带领众香客进行祭拜。香客集合于会首家，晚上不睡觉，也不可能睡，来的人太多，有的地方叫作守夜。会首带领众香客祭祀完毕后，带上所备礼品，背上奶奶驾（卷起泰山奶奶画轴，用红布包好，背在肩上）就可出发了。

稍讲究一点的香会，都设有锣鼓之乐，随队前行，每个香会都打着自己的旗子，旗上写"朝山进香"四个大字，下写"××乡××香会"一行小字。旗多为三角形，黄底，黑字。另外打有各种形式不同的旗幡。在路途中，每经过一村还要锣鼓齐鸣，燃放鞭炮，浩浩荡荡，很是引人注目。《帝京景物略》卷三中，曾描写过众香客朝拜弘仁桥元君圣母的情形，当是明代之时常见的进香队伍："岁四月十八日，元君诞辰，都士女进香。先期，香首鸣金号众，……群从游闲，数唱吹弹以乐之。旗幢鼓金者，绣旗丹旌各百十，青黄皂绣盖各百十，骑鼓吹，步伐鼓鸣金者，称是。人首金字小牌，肩令字小旗，舁木制小宫殿，曰元君驾，他金银色服用具，称是。后建二丈皂旗，点七星，前建三丈绣幢，绣元君号。"可见场面之宏大。对此，李中孚的《进香曲》曰："空行闪闪立楼台，前队朱旗后队催。涌出一枝华藏界，化人如自日边来。"

3. 投宿安驾

路途投宿，进店后的第一件事就是安驾。驾，就是元君圣像。有的是木制一神龛，内置元君像；有的是一画轴，上画元君像，人们称之为元君圣驾或奶奶驾。这元君驾由会首背着，每到一处投宿，需先将圣驾安置于所住之房正中，上供祭祀朝拜，然后才张罗着吃饭休息。

香客吃饭谓之"搭伙"。即香会众香客统一安排伙食，由会首统一结账。对于安驾、搭伙的情形，《醒世姻缘传》中有形象的描写：

> ……（会首）老侯老张看着正面安下圣母大驾，一群妇女跪在地下。一个宣唱佛偈，众人齐声高叫："南无救苦救难观世音菩萨！阿弥陀佛！"齐叫一声，声闻数里。
>
> 号佛已完，主人家端水洗脸，摆上菜子油炸的徽枝、毛耳朵，煮的熟红枣、软枣，四碟茶果吃茶。讲定饭钱每人二分，扦油饼，豆腐汤，大米连汤水饭，管饱。众人吃完饭，漱口溺尿，铺床睡觉。

到泰山后，先在香客店安顿好。历年都来泰山的香会一般会有相对稳定的香客店。也就是说，去年住在哪个店，今年也住在哪个店。店主与会首也都相对熟悉。到店的第一件事，仍是将奶奶驾供奉于房正中。接下来便准备上山了。

上山前的一顿饭，香客均食素食。洗刷停当后，洁衣整冠，赶早起程上山，来完成朝山进香过程中的最后一步。上山的情形，明代的张岱在其《岱志》中有如下记述：

> 天未曙，山上进香人，上者下者，念阿弥陀佛，一呼百合，节以铜锣。灯火蝉联四十里，如星海屈注，又如隋炀帝囊萤火数斛，放之山谷间，燃山熠谷，目眩久之。

也有夜间上山的，以香客团队为单位，提灯以上，场面也是不凡。明代的王世贞在他的《游泰山记》中就写道：

> 三鼓起，启堂之北扉而望，若曳匹练者。自山址上至绝顶，又似聚萤数百斛囊中，光熠耀不定。问之，乃以兹时士女礼元君灯，鱼贯而上者也。其颂祝亦隐隐可听云。

于慎行在其《登泰山记》中也有描述：

> 三、四月，五方士女，登祠元君，以数十万，夜望山上籥灯，如聚萤万斛，左右上下蚁旋鱼贯，叫呼殷赈鼎沸雷鸣，弥山振谷。

登山见碧霞元君，这也是香客们最激动的时候。上者，心愿将诉，感慨万千；下者，心愿已了，可喜可贺。这香客大军是在充满希望的氛围中运动的、升腾的。

在民国时期，傅振伦先生曾目睹过当时的情形，也已是现在所无：

> 时值夏历三月中旬，为泰山庙会之期，善男信女，远道而来朝山进香者，相望于途。妇女皆缠足，头梳长髻，衣裳博大，不着裙衫，脚带宽可四寸，多深红艳绿色，盖犹有数千年内地古装之遗风。捧香合手，喃喃不绝于口。至于男子朝山，则唯随僧道鼓吹而已。有手持直角三角形之黄旗者，其上大书"泰山进香"四大字，右侧书"莱邑义峪庄"诸小字，是殆来自山东东部莱州者。山中居民，有出售香马纸课者，生意最盛。

4. 山顶献礼

香会，尤其是外地的香会，来朝山的绝大部分都要到山顶碧霞元君的大本营——碧霞祠，所献供礼就在这里"交接"，这叫"进香于泰山圣母前"。

由香首带队，香客队伍到达碧霞祠西神门下"振衣岗"时，香首提醒大家整好衣冠，马上就要到圣母宫了。一般情况下，香客为了显示心诚，是徒步登山，更有甚者是一步一叩头上山的，即使富有也不乘轿。如有乘轿上者，至西神门就需下轿。到西神门时，门口有一掌号人，其前，摆有一个装钱的笋筐，掌号人一声口号，会首、众香客便要向笋筐内扔点钱，这就是"西神门上张声号，泰山娘娘早知道"的说法。尔后进山门于元君大殿前，结队参拜。

参拜时由会首在前，率领众香客上香叩首行礼，将在家所备的礼单（即文书）一一诵来，也有将礼单交给道士宣读的。并将供礼一一陈列，敬请泰山奶奶收下。现将清咸丰五年（1855年）山东历城县北斗永善社的所备礼单抄录于下，可供参考：

> 泰山圣母贡檀牌位一尊并神龛；黄绣花棹头一个；黄缎绣花黄罗宝盖一把；黄洋绉万名善男信女宝盖二把；黄洋绉龙凤旗四杆；黄洋绉宝幡八杆；绸子五色旗四杆；朱红洋标大社旗四杆；朱红洋标小社旗六十杆；本社大纱灯两对；龙拐铜荷花提炉两对；铜凤烟炉两对并铜盘；大红全幅彩绸一匹；十献贡品（香、花、灯、水、菜、茶、食、宝、珠、衣）；朱红木盘十个；金桥银桥（黄白布的竹子架）；蓝布小垫三十个；旗伞坐大小八个。

如有需要泰山奶奶解决的难处，此时可进行祈祷。没有具体问题者，则祈求风调雨顺，国泰民安，无病无疾，事事如愿。集体活动结束后，香客再根据自己的具体事宜及有关家人、朋友所托事项再行礼求拜。有的香会还会请道士建醮祭祷，这尤其在明清之时很盛行。如清代的城东峄峪乡鹿角庄香社时有谒元君建醮之礼等等。一般情况下香客所带纸香的焚烧，不在碧霞祠大殿或院中进行，而是到南面的大火池即宝藏库去。在火池旁，人们有的再将香纸、供果摆上，跪下磕头、祈祷。

现在已很难见到朝山进香的浩荡队伍了。这一方面由于移风易俗，人们的观念发生了很大的变化；另一方面则是进山费的限制，使很多的乡下进香的队伍被限制在了山下。有的直接就不来了，在家烧香祈祷一番就算是心里有了。

1997年农历三月十五，也就是当地所说的泰山奶奶生日的前夕，有一支来自泰山南麓上高一带的香客队伍，是找人通过关系，从西边的公路上乘汽车上山的，本想省钱，却不想引来了麻烦，中途查车使队伍走散。这支近30人的香客队伍，领头的香主是一位近60岁的老太太。香客来自本村及周围的村庄，是到碧霞祠瞻礼泰山奶奶的，这次进香，主要的礼品是一个用金银纸扎制的金山和银山（图25）。据她们讲，每年都组织来山上进香，有时还不止一次，并且也不一定都要到山顶来。山上山下的各个庙他们几乎都去过，什么遥参亭、

图 25　挑金银山的香客

岱庙、王母池、斗母宫、玉皇顶等等。有点像清代时邱家庄一带的合山会，从时间上说不一定非在泰山奶奶的生日那一天来，一有空闲，或有事要办便会到庙中礼祭一番。从祭祀的对象上说不限于碧霞元君，同样是"遍山之神而祭之"。

　　现在的碧霞祠，是由道教的道士来管理的，也需买票进山门。元君大殿的门口用棍子拦着，一般不让香客到殿中去。在殿门口设有红色的棉跪垫，以便香客磕头之用，平时有道士在一旁值班。每当香客磕头施款，便有磬声传来。老奶奶生日这天，香客要比平时多数倍，碧霞祠院内拥满了人。在殿门口给老奶奶磕头要排队，有的已等很长时间了，还急着下山，只好在旁边或在前边磕头人的后面举香磕头献礼。有

一个老太太双手将袍布举起，意思是让老奶奶看看她的礼物，知道她的心意，非常认真、虔诚。(图 26)

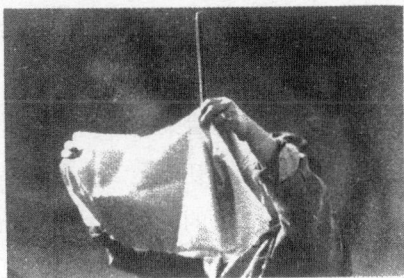

图 26　献袍的香客

5. 许愿还愿

在祭祀祈祷的过程中，人神条件的互换是常有的事。你只要达到了我某种要求，我会就给予相应的回报，这就是许愿和还愿。在民间，许愿和还愿是非常严肃的事情，尤其还愿是必须要办的，来不得半点马虎。

以生命相许，是许愿中最重也最为引人注目的事情。泰山顶上有个舍身崖，就因为是许愿舍身的地方而得名。康熙于二十三年（1684 年）来泰山时，臣属曾请其"往观"，被康熙所怒斥："愚民无知，惑于妄诞之说，以舍身为孝。不知身体发肤受之父母，不敢毁伤，故曾子有临深履薄之惧。且父母爱子，惟疾之忧，子既舍身，不能奉养父母，是不孝也。此等事处处有之，正宜晓谕严禁，使百姓不为习俗所误。观之何为?"① 康熙的火气不小，但习俗已成，"晓谕严禁"很难，后仍有舍身之事发生。

历史上留下很大影响的是清康熙五十六年（1717 年）所发生的舍身事件。这年自十月初十至二十日，十天之内竟有山东曹县的李进贤、河南商丘的韩大小、江南徐州的张文举先后三人在泰山舍身崖投崖献身。所以舍身，是因为有所谓的投崖可以报亲的说法（清《禁止舍身碑》）。在民间认为，如亲人病重，可以命相许，换取亲人的性命，故有舍身之举。此种许愿，曾镇动朝廷命官，特立《禁止舍身》碑，以诫告舍身者。

最常见的许愿，是为碧霞元君或东岳大地置办衣驾、修庙礼神或建醮立碑。民国十一年（1922 年）元君中庙——红门宫，捐资重修是因"祷元君圣母数果，千万不胜条章"（《郭张氏祷神碑》）。清光绪二十五年（1899 年）同心社筹资立颂元君功德之碑，也是为"众皆感灵验盛大，惠祥宏深"

_____

① 中国第一历史档案馆整理：《康熙起居注》，中华书局，1984 年，第1239 页。

(《同心社题名碑》)。还有以植树报恩者。清咸丰五年（1855年）的《阳邱王母贤德碑》，就记述了一个许愿增寿，还愿植树的故事。说的是阳邱的王母"坤范可钦，母仪堪仰，乐行善事"，曾祷曰："神如有灵，加我数年"（这是许愿），将植树以报，后王母果以百岁而终，其子遵其母遗言，"植松千株于东山之坡"（即为还愿）。在善男信女看来，有许有还，理所应当。

有一通《城东曲沟地方南王庄还愿碑》曾记述了一个面临贼寇之祸，祷于泰山之神，后"果蒙庇佑"的故事。"是时，既无土圩可守，亦无器械之备，众情惶惶，势甚危迫。乃共虔诚祷于泰山之神"，其后"合村安全"，以为是神之降福。"自是之后，土圩既成，匪数至，屡有斩献之功，绝无荡摇之恐，莫非神力之默佑也"？因事有愿，果已显现，在信士们看来，村庄之所平安，是他们祈求泰山神的结果，既然神降之福，故"倡率村众，虔奉酒醴冥资，仰答神庥"以示还愿。同是为谢城池之安，以答碧霞元君佑护之恩，众信女"发愿醵资，进奉织绣锦袍十一袭"（《高玉龙祭施锦袍记碑》）。这发生在泰城中原大战时期的事情，也同样出现在了济南。信士们认为"因五三惨案，默祝神佑，事经兵凶，果获平安"。于是于民国二十一年（1932年），济南善男信女香火社等人"同赴岱顶，敬献大匾一块，万民伞一把，袍五身，旗帜等件"（《济南府西关同社人碑》），虽经报答，仍觉不足以慰神灵，又在红门碧霞宫前建醮立石。

还有为在外营生，祈求团结而许愿的。如民国二十六年（1937年），在奉天西丰县相聚营生的一部分人，"深明在外做事，环境之下，非团结不为功，随于是月联络同乡，假香会名义来团结，即许愿于岱岳圣母殿前，大家如平安完全归家，愿许在岱岳圣母殿前悬木匾，建立石碑。圣母肖灵果佑众黎平安全归"。所以事后"敬献木匾，建立石碑，以消前愿"（《还愿碑记》）。

遇有灾难，许愿是常有的事，一经应验，是必须按当时所许之事前去还愿的。如清咸丰八年（1858年）《张孟氏愿许进香碑》记载："近年来，兵戎竞起，黄水为灾，逆氛滋扰。仰荷泰山娘娘，广施德惠，普济生灵。卒令天灾不侵，地方静谧。"因此信女张孟氏、陈张氏等"愿许进香四年"，自咸丰五年（1855年）至咸丰八年（1858年）连续四年贡礼还愿，方觉"聊具信心，共证善果"。

6. 习俗种种

朝山进香，除献礼祈祷之外，另有一些事情也是要做的。如系红绳、压石子、磨玉碑等等。

系红绳　在泰山顶碧霞祠周围的树上，你会看到许许多多的红线或红布条系在树枝上，人们称此为"拴子"。"拴枝"是"拴子"的谐音，意在祈求赐子。这一习俗可能导源于一种纪念性的标志，红色的绳带是吉利的象征，系于树上表示到此朝拜过了，后多有效仿，渐渐形成规模，遂有人附会于"拴子"，这也正与元君能赐子的职能自然的结合了起来，故成一习俗。（图27）

图 27　拴子

压石子　同样是为了祈子，压石子也即压子。先是出现在山顶碧霞祠周围的树上，后又不断延伸到山下，甚至还到了泰山佛教的寺院内。现在泰山西北麓的玉泉寺佛爷洞口的树上也压满了石子。西麓的灵岩寺内，也有这种压石子的做法。但仍以山顶上的压石子之风为最盛。求子的人捡一至几块石子压于树杈之上，压的人多了，树上满是石头。尽管景区管理人员不时地清理这些压在树上的石头，只是已成习俗，压石子的人不绝于后。后因泰山门票的缘故，很多香客上不了山，检票口万仙楼下的红门小泰山周围就成了压石子的最好去处。今年（1997年）农历三月十五日，碧霞元君生日这天，小泰山附近的树上、崖石上、碑上甚至房上到处都叠压满了石子。石子大小不一，大的需两手才能搬动，小的一手可以拿几个。从压石子香客的年龄及神态看，压石子不仅在于求子，也是为了孩子的吉利。

拴娃娃　在碧霞宫的送子娘娘殿，拴一个娃娃回去，对已婚多年而不育的人来说是一件非常郑重的事。送子娘娘的身边及身上有许多泥娃娃，活灵活现非常形象。凡来拴娃娃者，都事先备有一根一尺多长的红头绳或红布条，待上供、烧香、磕头、投完香钱后拿出绳来系在娃娃的头颈上，口中喊道："常跟回家啦，回家找娘去，"边走边喊，要连喊三遍。现在所拴的娃娃，都是用石膏做的，外表刷一层金粉。石膏娃娃一般是坐像，胖胖的，很可爱。（图28见彩图12）

　　磨玉碑　在碧霞祠内的东西碑亭内，有两块伤痕累累的石碑。因为是皇上送的，被称为御碑；又因为碑石质细如玉，故也叫玉碑。为使玉碑免遭伤害之苦，在20世纪八十年代被封护了起来。御碑外的铜碑的下半部，也受到磨损之苦。这些碑的损坏即与习俗有关系，当地的谚语云："铜碑磨、玉碑蹭、小孩带上不生病。"进香者常带拿铜制钱在碑上磨蹭，然后用红绳拴起来挂在小孩的脖子上，以此免灾。人们竞相磨蹭，久而久之，碑上留下了深深的印痕。并由此引申出在碧霞祠摸物治病、防病的说法。现在碧霞祠内，常会有香客争相触摸香亭前的香炉，然后再摸摸自己的身体某一部位，用以防病治病。这本来是摸香亭前灵王官的，只是为了使灵王官不受皮肉之苦，道士们将其封护了起来，香客们就转移到香炉上了。

　　求物镇邪　朝山去碧霞祠，有还一个很重要的事情要做，这就是不要忘了求一张印有娘娘印的黄表纸，因为带回家后可用来镇妖、避邪、免灾。后来玉印没有了（现藏泰安市博物馆），但人们总想带回点什么，以求吉利，因此香客送给泰山奶奶的水果、糕点、鸡蛋等一类的东西，求一点带回去给小孩或亲人吃，据说可以得到元君奶奶的佑护。并流行有讨要袍布的习俗，要点袍布回去，也是为了免除灾祸以求吉利。1997 年的农历三月十五元君生日这天，在送子娘娘殿前，拥满了讨要袍布的香客，袍布也是香客送的，一般 5—7 尺，所谓的给娘娘挂袍，有的即指这种袍布。据说讨回家后，可以制作小孩衣服，小孩穿此衣可长命无病。虽然 10 块钱一块，但都争相购买，两个道士拿着竹棍，边交易边维持着秩序，其场面好不热闹。

献换衣袍　在进山朝香活动中，还有给泰山老奶奶换衣裳的习俗。香客在古历三月十五，泰山老奶奶生日的这一天，要专程来为老奶奶换衣服（即：脱棉衣、换单衣）。香客提前若干月买好布料并精心制作而成。一般的配置是：

最里贴身穿：白缎子衬衣、白绸子裤。

外层夹衣：上身穿大红缎子面，白绸子里。

下身穿蓝缎子面，白绸子里。

最外层穿：大红缎子绣花蟒袍，白绸子里。

足：一丈多的白绸子裹足。

鞋：三寸金莲小尖足绣花鞋（有大红的，也有蓝的）。

各路香客（主要是泰城乡里、新泰、莱芜、淄博、德州

等地的），于初十四到达山顶，晚上便温台开戏，第二天再唱
一天戏，并在碧霞祠后的神憩宫，给老奶奶换衣袍。换衣时，
香客全是女性，先上供、烧香、磕头，由德高望重的会首主
事。神憩宫的元君像是用檀香木精工制作的，各关节都能活
动。像是卧着的，用手动其胳膊及腿膝机关时，像能够坐起
来（图28）。香客们传说，如果观看换衣服的香客中，有怀孕
是男孩的香客，无论怎样捏动各个机关，老奶奶不坐起来。
这时给老奶奶换衣服的主事人就会大声喊道："请怀孕的女香

图28 能起卧的元君木像

客出去。"这时，如果怀男孕的女香客出去啦，则一捏骨节环，老奶奶就马上坐起来，否则再捏多次也不会起来。对香客来说，这是神奇的也是庄严神圣的。

檀香木元君像有两尊，分别雕刻于明、清之时，具有很高的艺术价值，可惜毁于 1946 年。同时，香客所献的衣袍、锦被、锦褥、龙床、凤枕、帐幔等均被火毁①。

（四）朝山的轿

轿，古作"桥"，即所谓"山行即桥"（《史记·河渠书》），是一种山路乘载的工具。因是上山用的代步之具，故俗称山轿或山舆，也称山檋。山轿的起源较早，但在泰山广泛用于朝山活动，则是明中晚以后的事，它是随着山顶上碧霞元君地位在泰山得到充分的确立而盛行起来的。

1. 山轿的形式

泰山山轿的制作比较简洁，以实用为主，无任何辅助性的装饰，对此，在文人的笔下常有描述。清人刘鹗在《老残游记续集遗稿》中说："泰安的轿子像个圈椅一样，就是没有

---

① 山东省泰山管理处编：《泰山》，山东人民出版社，1963 年。

四条腿。底下一块板子，用四根绳子吊着，当个脚踏子。短短的两根轿杠，杠头上拴一根挺厚挺宽的皮条，比那轿车上驾骡子的皮条稍为软和些。轿夫前后两名，后头的一名先钻到皮条底下，将轿子抬起一头来，人好坐上去，然后前头的一个轿夫再钻进皮条去，这个轿子就抬起来了。"

有的轿子，就是借用椅子的形式或由木椅子直接改造而成，只是没有了椅子腿。椅子两侧的扶手用绳子绑上两根轿杆，前面再用绳子吊一个横棍，用于放脚，有的连放脚的踏板也没有，山轿就算成了。《醒世姻缘传》中素姐所坐的即为"抖成一块半四截没踏脚的柳木椅子的山轿"。

常见的山轿，比较简单。主要由轿扛和轿座组成，轿扛呈弧状拱起，座是由一木框做边，然后用绳子编扎而成。讲究一点的，在坐椅的四角各竖绑一棍，上覆一篷布，以遮日避雨（图29见彩图6）。这大致是清代及民国年间泰山山轿的基本形式。那么在明代，山轿的形式又如何？由于泰山的山轿或小有名气，或有别于它地的特点，因此对人们的印象也是深刻的。

在明代，人们因对山轿形式的感受不同，有着多种的叫法。冯时可在他的《泰山记》中，称山轿为腰舆："辛丑晨，兴出登封门，至更衣亭，易腰舆而上。"王思任在他的《登泰山记》中，称山轿为腰笋："肩舆出登封，至红门，改腰笋，看泰山易与耳。"王士性在他的《岱游记》中，称山轿为笋舆："左憩更衣亭，易笋舆而入者，一天门也。"钟宇淳在他的《泰山纪游》中，也称山轿为笋舆：至红门，"易一笋舆，逶迤五里至高老桥。"于慎行在他的《登泰山记》中，则称山轿为篮舆：至于岳麓一天门，"下车乘篮舆以上"。还有王世懋在他的《东游记》中，又称山轿为"软舆"。可见，对泰山山轿就有腰舆、腰笋、笋舆、篮舆、软舆等等不同的叫法。

通常情况下，腰舆是以人身负重部位的不同而有别于肩舆的，即用手挽的高度仅及腰部，用肩抬的为肩舆，这是山轿结构形式上的一个特点。腰笋、笋舆，笋即筍，也称编舆，指用竹子做的轿，是说山轿在用材上的特点；篮舆：一方面是指用竹子做的，也可以认为外形像篮子，清代人袁枚有诗曰："土人结绳为木篮，命我偃卧同春茧。"诗中说坐轿者的形体"偃卧"如同春茧之状，可借以理解篮舆的形状；而在张岱笔下的山轿是"椠干曲起，不长而方"（《岱志》），这是山轿形体上的一个特点；软舆，或表明它有软的铺垫，是软座，或表明它是用竹子编的，本身就具有一定的软度，都可说山轿坐起较为舒适。从以上特点看,泰山山轿在明代,多是手挽的轿子,一般用竹木扎制而成,形体较小,由二人操轿,轿四周没有遮挡,是一种非常轻便而又便于观光的登山用具。

2. 雇轿坐轿

雇轿上山,有两种方法:一种是在住店时,就向店里"报名",言明要雇用山轿,由店家统一安排;一种是在登山盘道下,由进山者直接雇用。一般情况下,以进香为主的香客,多是集体在店内雇轿,而零散的游客则是到盘道口后临时租用。前者,如《醒世姻缘传》所云可供参考:会首老侯老张一行,到了香客店后,"洗脸吃饭,报名雇驴轿,号佛宣经"。报名雇轿,是香客到泰山后的基本程序之一。前面所说明代文人多"至更衣亭,易腰舆而上"或"至红门改腰舆"等等,则是店外的雇轿方式。关于雇轿的费用没有定例,尚需提前商定,如民国二十年(1931年)傅振伦先生第二次登泰山时,就"言明往返二日,每乘四元五角"(《重游泰山记》)。

泰山山轿虽制作比较简陋,但乘坐起来还是比较舒适的。在平路时,轿夫一前一后,上、下盘道时几乎是横行,轿夫是侧身而上,这是为了乘坐者能基本上保持平稳,不至于上时仰身，下时俯身，这也是泰山山轿有别于南方山轿——滑竿的一个特点。一般的山轿，轿杆呈弧状并具有一定的弹性，抬起来，一步一颤，使重负下坠时较为缓和，相对来说抬起来也较为省力。张岱在谈到山轿的这一特点时就说得很形象：山轿“樏杠（轿杆）曲起，不长而方。用皮条负肩上，拾山蹬横行如蟹。已歇而代，则旋转似螺，自成思理。”（《岱志》）因山轿可直行，也可横行，上山速度很快，故有“爬山虎”之称。

山轿下山，轿夫是以滑步为主而下。现在的挑山工下山也是这种下法，双脚仅擦着台阶的边沿，交替下滑，似小跑，速度很快。这种下法常使坐轿人感到恐惧。张岱在《岱志》中就坦言其惊：“股速如溜，疑是空堕，余意一失足则齑粉矣。第合眼据舆上，作齑粉观想。常忆梦中有此境界，从空振落，冷汗一身时也。顷刻下二十里。”

3. 轿夫

坐轿人有惊无险，苦的是抬轿的轿夫。他们来自泰城及周围乡下贫困的农家子弟。据说，当年香火盛时山轿可达二、三百乘。轿夫的工钱，20、30年代是市价每人每天一块五(大洋)，如在山上过夜另外加工钱或赏钱、饭钱等，多少由客人随意，一般都高于一天的工钱，有的甚至是工钱的几倍、十几倍。有时客人带家眷、亲朋，要雇几乘轿子，怕照顾不过来，往往多雇几名轿夫轮流抬轿，谓之"替脚"，亦是每天一块五的工钱。也有的达官贵人、富商豪绅来泰山需小住几天，干脆包一乘山轿，每日四处游玩。每年旧历大年初一到三月底，是各地善男信女朝山进香还愿的高峰期，也是轿夫最繁忙的季节，年初一至正月十五，惯例是给双倍工钱，也有的给三至五倍，兼有施舍行善之意①。

冯玉祥在泰山隐居期间，曾作《山轿》诗一首，并由赵望云配画，以抒发他对轿夫劳苦生活的同情及对科学的向往：

上泰山，坐山轿，好看风景好逛庙。

一个安坐两个抬，手把轿子爬盘道。

爬盘道，真苦劳，慢慢紧紧总不到。

肩头皮带千斤重，汗流气喘心急跳。

一苦劳，一逍遥，抬的坐的皆同胞。

困难当头须要管，时间劳力不白抛。

大名山，电车造，凡事都应用科学。

---

① 参见吕继祥：《轿夫的来源及生活》，《泰山大全》第 2048 页。

　　　　　时间劳力为国用，一点一滴皆生效。

（五）香客店

　　客店，或称为客栈，是供旅途之人吃饭休息睡觉的地方。所以古人说："行旅所止之屋，谓之客栈。"（《新方言·释宫》）客店前面加一个"香"字，就成为专为香客提供服务的场所了。同是住宿，同是吃饭，因为加了这个"香"字，就出了不少的特点。

1. 旺季春日

　　香客店是适应朝山进香的需要而出现的旅店，香客的出现，是与进香的时间密切联系在一起的，因此具有很强的季节性。

　　春季，是朝山进香的时期，而在东岳大帝及碧霞元君生日期间，香客达到高峰。《水浒传》中就说：在圣节之时，"许多客店，都歇满了"。据说在香客最盛之时，大大小小的店都能住满，有时屋当门（屋内地面）睡的都是香客。香客店一般是正月初一开门营业，直到四月初八，这也就是"长春会"的会期。过了四月初八，香店里雇的伙计都又回农村去务农了。

因地域的不同，香客来的具体时间也有差异。正月的客人主要是泰山北边吴桥、宁津、德州、沧州等地的；二月份主要是南边的，如兖州、徐州，近一点的是菏泽、曹州、邹县一带；三月份主要是泰山周围诸县的来得多，特别是莱芜、淄博的香客。同样是某一个月，除了圣诞日，而以初四、初七、初十来的为多，这是因为有"待要走、三六九"的说法，即出门的日子选在初三、初六、初九为好，因此只有一天路程的，第二天到的时候就在初四、初七、初十了。与一般香客店相比较，具有很强的时令性，是香客店的一个显著特点。

在泰山朝山还有种"箔楼草"的说法，是香客店对泰城人一种进香形式的叫法。"箔楼草"意思是说什么都掉不了，别想在他们身上赚钱。有时，香客店还会将这些人称作"莱芜大方"——干烘（即"干哄"，就是凑热闹)①。泰城人一般是在农闲时，当地称为"挂了锄钩"的时候，三五成群上山。上山时除了香纸要带上外，吃的喝的也一概备齐。连水也不喝店家的，自己带有烧壶，口渴了，随地拾点柴火，灌上泉水烧烧就有了。对此，李广田在他的散文《山之子》中曾有

---

① 莱芜大方，即流行于莱芜地区的一种熟茶，俗称干烘，也叫莱芜干烘。

生动的描写："他们三个一帮，五个一团，他们用一只大柳条篮子携着他们的盛宴：有白酒，有茶叶，有煎饼，有咸菜，有已经劈得很细的干木柴，一把红铜的烧心壶，而'快活三里'又为他们备一个'快活泉'。……黎明出发，到此正是早饭时辰，于是他们就在这儿用过早饭，休息掉一身辛苦，收拾柳筐，呼喝着重望'南天门'攀登而上了。"很是轻松、惬意。

2. "接顶"、"朝山归"……

具有不同的服务项目和功能，也是香客店的一个突出特点。香客店是为香客开的，香客的需要就是对店家的第一要求。与一般客店相比较，其民俗信仰上的要求是非常重要的，一般较大的香客店，或大或小都设有奶奶庙。如泰城北关著名的香客店张大山店就建有奶奶楼，以供香客焚香瞻礼之用。

在泰山香客店所有的对上山者贺，卜山者迎的"接顶"、"朝山归"的规矩也是一般旅店所无。上山者贺，就是在香客起身上山时祝贺。早点后，店主要一批批将香客送到大门口，吉利话是少不了的，"步步登高"、"登高发财"、"心事如愿"等等是常挂嘴边的祝福。比较重要的香会，还需派人跟上服务。

所谓接顶，就是香客店在山下为下山的香客接风洗尘。而朝山归，则是香客朝山回来，要开筵请酒相贺："谓烧香后，求官得官，求子得子，求利得利，故贺也。"同是庆贺，因其身份的不同，也有很大的差别，有上、中、下三等之分："上者专席，糖饼、五果、十肴、果核、演戏；次者二人一席，亦糖饼，亦肴核，亦演戏；下者三四人一席，亦糖饼、肴核，不演戏，用弹唱。"（张岱《陶庵梦忆》卷四《泰安州客店》）

上山之前，香客店需备素斋是在吃上的讲究，有"上山包子、下山面"的说法。至于朝山用的香烛元宝等等，更是香客店所必备的了。另外，上山所舍乞丐之钱也要由店家负责。

3."棒槌"、"笸箩"、"金钟"……

用生活中常见的实物，作为招牌是山上香客店的一个突出的特点。这也是它具有适应性与针对性的一个重要标志。住在山上的香客绝大部分是劳苦大众，富有之人一般是不住在山上的（图30）。为了适应老百姓不识字的特点，香客店选用具体的实物形象来作为店的标志就具有很强的易识性。如：棒槌店、笸箩店、双升店、鞭子店、响旦店、鹦鹉店、金钟店等等，都是以实物或木头雕其形象挂在或摆在客店的门前来

图30　昔日天街上香客店的店房

作为招牌的，这些实物都是人们常见之物，容易记忆，容易辨别，特别适合于不识字的香客，即使天黑了或者大雾看不见，用手一摸便知道了那家店。现在山顶天街上的店铺，已与原来的香客店不可同日而语了。其招牌尽管也有几个是实物形象的，那却是识字人为增加点原来的气氛而做的幌子，已没有了当初的实用价值。原来的招牌已进了博物馆（图31、32）。

图31 金钟店招牌　　　图32 鹦鹉店招牌

　　天街上这些香客店，在吃住方面也和他的招牌具有很强的针对性一样，也是为生活在社会底层的百姓而准备的。一般都是大通铺，全是土炕，顶上放点草，然后铺上席，就算是比较好的床铺了。当时有个泰山虼蚤（就是跳蚤）山上山下当天打来回的笑话，就可反映出山上香客店的条件。这笑话说山上香客店的虼蚤特别多，香客在山上住一夜，衣服内就会沾上很多。以前，人们是习惯扎腿的，下山到了岱宗坊歇一歇，解开绑腿，抖搂抖搂，跳蚤就下来了，又跳到了上山人的身上，跳蚤又被带上了山。这样一天之内，跳蚤山上山下打了一个来回。

　　住的条件差，吃的也比较简单。好的有几个菜，再加点酒，一般的一个菜或一个鸡蛋汤就打发了。名誉上饭钱不要，其实是不单独收，在住的里面找齐了。例如有五六个香客要住店，一个人二块也好，三块也好，包吃管住。钱多了就吃得好点，钱少就吃得差一点。五六个人凑起钱来，给他放上一对元宝，一打黄表纸，一堆香，就都算上了。

棒槌店，是山顶上香客店的其中一家。后来分为二家，一家是老大的，仍依棒槌店为名；一家是老二的，名称凤凰店。当时，棒槌店有六间房子，凤凰店有五间房子。凤凰店于 1969 年 12 月迁到山下。

山上的香客店每逢大年初一，不是去碧霞祠朝拜，而是到山下的扇子崖去，参加财神会。人们常在大年五更，也就是除夕午夜吃饺子后去扇子崖烧香，去赶会看戏。财神会设在扇子崖，这与"打开扇子崖，金银财宝向外抬"的传说有关。所以人们为表达求财的心愿，就要到扇子崖去。

4."迎客"、"会茬子"……

约客、迎客，都是香客店主动与香会联系的重要手段。约客，叫作"会茬子"，每年秋收后，店主便派能说会道的人到各地去做这项预约香客的工作。这种预约多是有针对性的，要到那些有泰山神信仰的地方，也就是去每年有大量香客前来的区域。去联系的人一般都带点泰安的特产作为礼品，到达要去的地方后，与当地香会的主事会面，送上礼品，说是什么店的，代表店主向会首问安，来意是不说自明的。一般情况下派出"会茬子"的人与这个会首是认识的，很有可能去年在泰山就接待过他们。香会会首对泰山的来访者也是尊重的，因为那是碧霞元君那里的人。没有特殊情况，会首这个香火会的香客团到春上朝山进香时就住这个店。弄好了，这个香火会的会首会介绍几个别的乡或别的县的香火会一并去这家香客店。

在上面谈到的"朝山归"，也具有约客的功效。设宴相贺的本身，就是吸引香客下次再来的一种形式。况且，临别之时还有礼品送于会首。《醒世姻缘传》中的店主宋魁吾，在与会首老侯老张分手时就送给她们"每人一把伞，一把藤篾子扇，一块腌的死猪子肉，一个十二两重的小铜盆"。礼不算轻，不怕你下次不来。

迎客，也是香客店的一个特点。每逢春季来临，香客店便派出店伙计到城外各路口迎接外地来的香客。这些香客有的是"会茬子"时预约的，没有预约的也会主动向前迎接，拉到本店也是笔买卖。他们手持上书"×××店拜"字样的信套，一早一晚还要提上一个书有店名的灯笼，老香客一看到店名就会感到很亲切。这已有了现在的旅行社出去组团，到车站去迎接的某些特点。张岱在《岱志》中曾谈到店家迎客的情形："离州城数里，牙家走迎，控马至其门。……出山者送，上山者贺，到山者迎。"很是热情。当然这种会客、接客的形式，主要适应于一些较大的香客店，对于小店及山顶上的店来说，意义是不大的。

"出山者送，上山者贺，到山者迎"，是香客店独有的经营方式，这一来是尽点店家的心意，二来也是为了将来的回头客，重要的还在后者。其实羊毛出在羊身上，这早在房费里找齐了，但各自的心理却得到了满足。

5. 数不清的店

泰山有多少香客店，这恐怕谁也说不清楚。《水浒》中说：当时（大致宋明时期）泰安城"客店也有一千四五百家"，其可信程度如何？无资料可证，不过客店非常之多是不容置疑的。据许多老人讲，在清末民初的时候，泰城足有几百家香客店。著名的就有八大店之说。这八大店是：北峪（北关）的张大山店、东北关的夏金章店、灵芝街的宋海扬店、后家池的刘汉卿店、西关的王家店、财西街的徐家店、北门的唐家店、通天街的刘家店。这些店各有特点，当时有句顺口溜说"若要住大厅，刘汉卿；若要住瓦房，宋海扬"。

说到大店，在张岱的《泰山州客店》，曾提到他来进香时所住的香客店："未至店里许，见驴马槽房二十三间。再近有戏子寓二十余处。再近则密户曲房，皆妓女妖冶其中。……庖厨炊爨亦二十余所，走服役者一二百人。"还说泰安与此店可比者有五、六所，使他感到惊奇。在清末民初年的众多香客店中，以张大山店的规模最大，影响也最大。而其它小客点则遍布整个泰城。

在通天街，可以说是一步一个店，稍大点的就有几十个，主要的有孙家店、车子行、陈家店、张家店、卢家店、和家店、柳家店、李家店、金家店、丁家店等。饭馆有同和春、万兴园、杨家店、如意居、一间楼等。山上天街上的香客店也有十几家。泰安有个歇后语，就与香客店有关。当地方言说不行叫作"别家"，如遇事不赞同就说"南天门里头的，别家（笪箩家）"，笪箩家是进南天门的第一家香客店，其谐音就是"别家"。可见香客店影响之大。

6. 张大山店

张大山店，是泰山最有名的香客店。而且这"大山"的名字也好，泰山就是大山，如果说"山大莫大于泰山"，那么张大山店作为香客之店，是店大莫大于大山店。

张大山店开于何时？已不可考，但在清末民初发展到鼎盛时期。张大山店位于北关青龙街西段路北。张大山不是人名，"大山"是店号，清末时期，传至张岳均。张岳均兄弟十个，亲兄弟五个，堂弟五个。张岳均之下嫡长子分别是张锡俊、张洪印、张树人，辈分是按五行的金、木、水、火、土排列的。其祖上是泰城东南上高人，张岳均的九弟张悦盛还健在，现年83周岁，属虎的，现仍住在南上高村。说他的名字，乡里乡村知道的不多，一说是"九爷"、"九掌柜"的几乎无人不晓，人们依然亲切地喊着他"九爷"。

张大山店的规模很大，现在的泰山大酒店这一带在当时全属于张大山店的。据张家的后人讲：在张岳均的前辈是有过功名的，大山店是亦官亦商。高大的店门坐北朝南，门两边各有一旗杆，两旁有上、下马石及拴马桩。在其门旁木架上插着"张大山店"字样的招牌。牌子有2米左右高，每个字大40—50厘米，招牌是用架子支撑的可以移动。张大山店衰败后，后人将其招牌锯做案板了。

张大山店的南北进深很大。进入大门，有一条宽大的甬道，过二门冲着的是中厅，再往后是后厅、花园、书院。书院后是井台院，有两眼井，一甜一苦。再往后是三间碾房。大客厅与戏楼对着，在院子的西侧，门台高大，有着 12 个台阶，还有几间东厢房和几间西厢房。东边向北一点有对称的四个院满，各有小型门楼，这种院满多为仕宦或外地乡绅香客所设。普通香客住在进大门两侧的配房及北院戏楼后的一片房子里。房子有单间的，也有双间的大铺。店内有专管钥匙的伙计。我们在采访张岳均的长孙媳现年 74 周岁的史玉玲时，问到大山店的规模，她还记忆犹新："我嫁过来的时候，进了大门再进二门子，一个门一个门的，足足走了一个半钟头，光角门子就有十二个，你说有多少院吧?"

店内的伙食也分等级，高的有山珍海味大席，低的有大锅菜，可供不同身份的香客来食用。水火炉在五间大厅的西侧奶奶楼的后院，专供香客喝水。店内的服务项目也很多，在店内可剃头理发，有鸦片枪可供吸烟，有牌桌可供打将牌，有戏曲可供观赏。

"会茬子"是张大山店兴盛客店的手法之一，每年秋冬都派人出去预约香客。而每年初一凌晨开始，联络人员两人一伙，分别到四方关驿路口或火车站去接客。他们手持"张大山店拜"的红封拜帖，见到香客先以店主的名义向香客问候致意，然后替会首背着褡子，将客人领回店中。在店门口也有迎接的人，叫作"接风"。由店伙计端出一个放有四盘菜肴和一壶酒的大传盘，把盏敬酒，为其一一接风，香客接酒后一般不喝，多是浇奠一下，客人然后进店，接其所定的标准进入客房。

香客进店后，一定先到店里的奶奶楼去烧香叩拜，意思是已报到了。这一般是由会首代表香会的名义举行，然后订饭、订元宝香烛。张大山店的香礼非常多，形式花样也很丰富，都是从乡下定做的，再供应给香客。

香客上山，一般有人领着去，张大山店与山上香客店的关系也不错，因为大山店很出名，很有影响，像鞭子店与张大山店就很好。山上的条件不行，仅喝点水或吃点饭，一般不住。

（六）进香纳税

在明代正德年间至清雍正年间，来泰山进香是要交税的，否则即不许登山入庙。磕头烧香还要纳税，这在历史上不多见，据说楚之太和山也曾有进香纳税的历史，但与泰山相比则是小巫见大巫了。"万方香币供仙后，一代龙章发圣怀。自愧微臣兼税事，云霄徙倚望三台"，这是四百多年前一位香税官留给我们的感慨，字里行间透露出职责之神圣。进香之所以收税，是因为有税可收，税有所源，能让朝廷动心于这"万方香币"，不能不说碧霞元君的影响之大，响应之众。

1. 山税有例

明《岱史》上说："旧例，本省香客每名四分五厘，外省香客每名九分四厘。"香税当初之时，实行的是内外有别的政策。当地的少一点，外地的多一点，这个税的交纳由香客店携香客的报名单到遥参亭报名纳银，然后领取进山票——"领单"上山进庙。税价好定，只是这内外人不好分（当时可能还没有身份证、户照之类的东西），为了少用点银子，也就免不了冒名顶替者，外省人说是本省人，你是一点办法也没有。于是在明万历八年（1580年），干脆本省与外省统一，一律是"一例香税银八分"，交纳的办法是，其银由各香客店包封署名，存遥参亭库内，等到夏冬二季起解时，店户各认姓名领包，由朝廷委任的税官，开包验实，"倾销其间"。这样虽然免了内外省的争执，却添了与店家的麻烦。因为有些店在报名之时"将铜铁抵换银两"，但到了开包之时，就慌了手脚。"有逃脱者，有自缢者"。这只有"宜为酌处"了。到了万历末年，每名香客税银增为一钱二分。张岱登山时，就是这个税例。故在其《岱志》中留下了"山税每人一钱二分"的记述。明崇祯中后期，香客税又增至一钱四分。在清初，又恢复了内外有别的规矩，本省每名香客五分四厘，外省每名香客九分四厘。

2. 按需设官

香税初期，设有总巡官一人，专门督理香税及上下的稽查，下设分理官六人。其中有两人在遥参亭，一个收本省的香税，一个收外省的香税，收税后均填单给予香客以便查验。在山上玄武门（北天门）也设一人，收从山后来的香客之税。而红门、南天门分别设验单员各一人。山顶碧霞宫门口也设官一人，查放香客之出入。到了明隆庆五年（1571年）人员裁革，只留分理官三人。一在遥参亭，一在玄武门，一在碧霞宫。人员虽然减了，但"每遇香客众多之时，分理官力不能支"，而又不得不再增员额。在光绪年间，每年香税的征收分作三季进行。正月至四月，九月至十二月两季香客为多，按实际需要俱"全数委用"，而在五月至八月间香客不多，而只委派分理官，而不委派总巡官。并且每一季完讫后则别行委派，"故总巡官去住不常，而分理官亦尝有奉委未到者"。

3. 税金几何

泰山香税每年能有多少？值得朝廷如此关心？让我们先看一下明万历初年的官方统计："据近年解部，大约春季银一万两有零，冬季一万二、三千两有零。"这只是说解往户部的。再看明万历年间的估算：香客到店"税房有例，募轿有例，纳山税有例。……合计入山者八、九千人，春初日满二万，山税每人一钱二分，千人百二十，万人千二百，岁入二、三十万"。（《岱志》）另外，"凡香客施舍，如金银、珠宝、玉石首饰并金银娃娃、铜钱及幡盖袍服、纱罗缎帛等项，"俱投在碧霞宫内"存储，于夏冬二季还要另委派府佐一人，前往会同原总巡香税委官，登顶启门，对施舍诸物通一验看估计，"将金银、珠宝、玉石首饰并金娃娃、铜钱等项，同前项香税银一并解赴布政司储库"。余下的幡盖、袍服、纱罗缎帛等项，解往济南府储库，折款用以俸禄（《岱史·香税志》）。不光是香税，就连能值点钱的香客的"混施"之物也都进入了国库。"山税之大，总以见吾泰山之大也，呜呼，泰山"！张岱的感叹不无道理。

4. 会计事例

泰山香税是如何支出的呢？按《岱史·香税志》的说法，去处有六。一是解赴户部，这是大头。如嘉靖三十七年（1558年）除幡盖袍服等物照旧用于该省官员折俸外，其余金银首饰等按季解送户部；二是存布政司，以用于公堂、庆贺、表笺、扛夫、车价、公差人役、六房文册、纸扎写字、书手工食及德、鲁、衡三藩府各郡王的禄粮等项；三是修城，其银亦储在布政司，以供修理城垣之费；四是修庙，其银亦储在布政司，以供岳顶诸庙修理之费；规定每香税八分内取五厘修庙；五是公费，供给征收香税各委官的禀给，并跟随人役之食，其银即于泰安州支给；六是铜钱，旧例解送礼部。隆庆年间，不再取解。"钱累巨万"，用以解国库之虚、地方之空，倒不失一大良策，只是苦了进香的。

四、信仰乎？市场乎？

——香市中的世间百态

大凡庙会，都伴有形式不同的娱乐竞技项目及规模不等的商贸活动，娱乐与贸易成为庙会活动的重要组成部分。本来，竞技和娱乐是为宗教信仰服务的，是信仰活动的辅助内容，只是随着人们经济观念的增强，两者间的关系发生了一些变化，乃至人们一谈到庙会，便想到那热闹的娱乐天地及繁忙的商品市场。并由此发展到现在无任何宗教信仰活动掺杂其中的经贸活动——物资交流会。

泰山庙会从它的产生发展到鼎盛，在具有强烈宗教信仰的氛围下，娱乐和商贸就与庙会的整个活动紧密地联系在一起。在庙会这个社会舞台上，人们寻觅或得到了自己所需要的一切，而同时人的自身也得到了充分的表现。人们是为了信仰而来，要解决生活中难解的苦衷？抑或就是为了看热闹，为了做点买卖？

（一）竞技游艺——娱神，主要是为了人

不知从何时起，兴起了为神唱戏，让神添喜的娱神活动，人们是根据自己生活的情理来判断神的需要和神的爱好的。在具有一定规模的道观里，大都设有戏楼或戏台。在泰山，山顶的碧霞祠有，山下的关帝庙、王母池等也都有。既然神的需要是人的需要所决定的，人的需要也就是第一需要。因此，表面上看是为神凑乐，而实际是给人看的，并且成为一个庙宇及香客店招徕顾客的一种手段。

当道士们在正月初一，将"长春会"的大红灯笼挂在岱庙的大门上的时候，标志着一年一度的泰山庙会开始了，同时也宣告，等待了一年的热闹又来临了。宋明时期，泰山庙会最热闹最吸引人的算是相扑。自从施耐庵的《水浒传》流行于世，岱庙里的擂台赛也就越发地出了名。

相扑的比赛，因为是给泰山神——天齐仁圣帝看的，所以当初的擂台设在了圣帝大殿前的大露台上，而这个台子也就称为"献台"，比赛者也就称为"献圣"的人。献圣者比赛

前首先要参拜圣帝，要喝"神水"，并以众香客为圣帝庆寿用的礼品作为胜利者的奖品。相扑这种竞技形式，在明代还很盛行，张岱在游记《岱志》中，就有岱庙"相扑台四五"的记述，另外，"斗鸡蹴鞠，走解说书，……锣鼓讴唱"也很热闹。可惜，相扑这种古老的竞技形式，不知为何在清代逐渐消失。

在清末及民国初年，庙会期间主要的娱乐活动有戏剧、曲艺、杂耍等等。

1. 唱大戏

唱戏，算是较为郑重的娱乐活动。岱庙于清末及民国初年，先后在配天门、仁安门西的西神门、天贶殿、后寝宫、东御座门前等地方设有戏台。

东御座前的戏台，设在东御座垂花门前南侧。戏台坐北朝南，高约一米左右，台面约二十多平方米，上铺木板，顶及台子的两边和后面用苇席遮蔽。戏一般每天上午一场，下午一场，唱的大多是豫剧、莱芜梆子。在此看戏不需交钱，雇戏班子的钱是岱庙各摊点凑的，不足部分则由一些店铺赞助。每天看戏的人非常多，人山人海，约有数万人。

1928年，国民党山东省政府将配天门内的神像破坏掉，改造成戏院，同时改造成戏院的还有后寝宫，因此配天门的戏院俗称前戏院，后寝宫的戏院被称为后戏院。配天门戏院的戏台设在门内西端。靠近台前设有雅座，座前置有方桌，在此可一面赏戏，一面喝茶嗑瓜子。雅座的后面设置有连椅的普通座，再后为站票。演的剧种有莱芜梆子、山东梆子、拉魂腔等，有时也唱京剧。后戏院的戏台建在后寝宫内的西端，坐西朝东，主要唱京剧。在当时来说，算是高级的了，台下布置有方桌，可供看戏者喝茶之用，并有花生、瓜子等服务，是有脸面的人常去的地方。一般是晚上演出。据柳方梧老人讲，当时有个名叫雪艳琴的和一个叫小贵子的女演员（当时叫坤角），在此唱京剧。雪艳琴唱青衣，小贵子唱须生，两人合演《审头刺汤》、《武家坡》、《桑园会》等。因那时当地很少有唱京剧的，人们都觉得很新鲜，故而院内天天满员。莱芜梆子刘和龙的小班也经常在此演出。往昔清静的后寝宫，一时成了热闹的剧场。

岱庙的主体建筑天贶殿在民国十七年（1928年）改为"人民大会场"后，殿内西头也设置了舞台，一是为开会之用，有时也兼作戏台，天贶殿也成为演戏的场所。

在较大的香客店，一般也设有十几平方米、高近一米的戏台。戏班子的收入一部分来源于香客自愿的施舍，但主要是香客店出钱。每当演到高潮之时，往往就有鞭炮的祝贺。

2. 大鼓　快书　落子

著名的民间表演艺术家高元钧、傅永昌、于小辫、谢大玉、刘浩三、甄瘸子等，都曾在岱庙庙会卖过艺。

高元钧大约在 1936 年和他失明的哥哥在岱庙说相声，相声说完后再由高元钧表演山东快书，其中就有著名的段子《武二郎大闹东岳庙》。演出的地点大都在仁安门西南侧，当时民众旅馆门口台阶的北面。那时说书，每说到关键时刻就会停下来，要完钱再继续说。

高元钧的师叔傅永昌，在岱庙主要是说山东大鼓和落子(lào·zi)，也说山东快书，主要的段子有《呼延庆打擂》、《刘墉私访》等。傅永昌八、九岁开始学艺，学的第一个段子就是《大闹东岳庙》，也就是《武松传》，他在岱庙演了十几年，二十岁时去了济南，后来又回来了。当时他的姐姐傅大玲也在此说大鼓书。1958 年 8 月，傅永昌参加了全国首届曲艺会演，曾受到党和国家领导人的接见。现年 87 周岁的他，每当说起此事时，仍掩饰不住内心的激动，对周恩来等领导人的音容笑貌还记得非常清楚。

于小辫（于传斌），在庙会上的快书也很出名。常在仁安门东侧刘同典开的茶馆里表演。在茶馆里，听众可一面喝水嗑瓜子，一面观看节目，别有一番乐趣。于小辫最拿手的是《蛤蟆传》。他的腔韵富有变化，有"九腔十八调，七十二哼哼"的说法，赶板夺字，优美动听，学什么像什么，南腔北调，惟妙惟肖。有时也说山东快书，他的《武老二》被认为"清口"的，不带脏词，别人说《武老二》，见到妇女会作揖让其离开，而于小辫说的书妇女能听。他说起书来，词句幽默、诙谐，情节生动、曲折，引人入胜，据说他的收入中还能见到银元。后来刘清泰从济南来岱庙，唱西河大鼓，擅长成本大套的，内容是《五代残唐》，使人耳目一新，也非常受欢迎。刘浩三的评书《三侠剑》、《雍正剑侠图》也是说做俱佳。

甄瘸子（甄玉峰），也曾在岱庙说过评书。直到现在一些老人一提到他的表演还赞不绝口。说他有文化，有口才，比如说他看一看报纸头上的小说，就能编着啦一天。他的动作表演也很生动，常说的是《七侠五义》、《三侠五义》，他手中拿一把大折扇，就当作枪、刀、剑、戟等十八般兵器用。口技好，能表现出各种声响，尤其是兵器之声，学的非常的像。只要他说书，听众就会爆满，有些人则是每说必到。他的师傅姓马，很有名，不过一般情况下不演出。后来甄玉峰死在岱庙。

在仁安门前刘同典茶馆的东边，还有一位叫陈树林的老人在此说评书。一张桌子，几条凳子，家当就算是全了，有时听众就席地而坐。他是看本说书，也就是照着书念给大家听，所以被称为"翻本的"，专说《精忠说岳》、《济公传》、《封神榜》，听众多是些老人和儿童。

3. 挑皮影　拉洋片　玩大箱

挑皮影，也就是皮影戏，在岱庙也有一席之地。艺人都是外地来的，主要节目有《西游记》中的《三打白骨精》、《猪八戒背媳妇》，还有《白蛇传》中的《水漫金山》等，多是群众喜闻乐见的剧目。他们的演技很好，影声配合得当，深受香客的欢迎，一到晚上，就热闹起来。

岱庙里的木偶戏也很出名，演出地点在仁安门东侧东神门的前面。由宁阳县孙家滩杖头木偶班子演出，表演的是一种大型木偶，香客市一开，他们就来。舞台坐东朝西，所配的唱腔是河南梆子，所演的是《蝴蝶碑》、《寒衫记》、《铡美案》、《渑池会》、《雷振海征北》等成本大套的戏，鼓乐齐全，唱做逼真，早晚两场，观众总是挤的风雨不透。

在高元钧说书的东面是"拉洋片"的。据朱宝琪老人讲：

当时的拉洋片有两种，一种是一个人操作，是上下拉的，可供2—3人观看；一种是两个人操作，左右各一人，一个推，一个接，是"推洋片"，可供十几个人同时观看。看时观众排成一行，从像盒的小洞往里看片子图像。图像有人物也有山水，有的是故事，一般是彩色的，多是画的，也有的是照片，效果和现在的幻灯片差不多。图片为长方形，高约50公分，宽约40公分。表演者边操作边唱："往里瞧，往里看，四十八张在里面"，当时花一个铜板看一回。内容有《淞沪大战》、《小寡妇上坟》、《百灵庙大战》、《逛北平》、《杀子报》等等。这种娱乐形式在当时很时兴。

在民国时期，岱庙内民众旅馆的南面是大众澡堂。在澡堂门北，有个变大箱的，也就是变戏法的，当地人将变大戏法（规模较人）的叫变大箱。用个大木箱向外变幻各种东西，据说这个魔术艺人水平很高，不管多大的东西都能变出来。出奇的是他能从木箱中变出一百多斤重的大石头，变出一盆盆的活鱼，最后一个大盆内装着一、二斤重的活鲤鱼，并且是满盆的水，连盆带水足有一百多斤重，箱子倒下、起来滴水不撒。还能将小孩放进箱子中变没，隔上一段时间再从箱内变回来，很是吸引人。在其旁及其它地方，也有很多变小戏法的。

在庙会上还有很多好看的项目，如玩枪刀、棍捧、飞叉、飞镖等武术内容的；还有玩猴的，套圈的等等。

在会上也有很刺激的赌博性质的娱乐项目，如"黑红宝"、"平天转"及"摇会"等。所谓"摇会"，就是在一张大桌上面摆着茶壶、茶碗、手巾、镜子、香烟、糖果等一类东西作为赌品。用六个骰子放在碗里摇，摇完看点，什么点赢什么东西，什么点输什么东西。主持摇会的人一边摇，一边唱道："摇摇摇，都来摇，光看不摇赢不了。大赶大，小赶小，下不上赢不了。摇一回，一百钱，打不着油，称不了盐，家去也不会落埋怨，赢把茶壶多合算……"。唱罢一套又一套，引得许多人去参与。

在香市中，当然也少不了相面算卦的，零零星星几乎遍布岱庙各个角落。算卦的一般有一张桌子，桌前挂着桌围子，有的写着"诚占周易"，有的写着"文王八卦"，有的写着"指点迷津"，还有的写着这样的对联："听忠言前来问我，喜奉承去找他人"。有的称自己为"王半仙"，"张铁口"等等。相面的一般是摆地摊。香客中是有很多人想在岱庙里看一看自己命运的。有的占周易问财路，有的批八字问婚缘，有人去

"拆字"问行人。另外还有"麻衣神相"、"奇门遁甲"、"推背图"等。这里人一圈,那边人一堆,都想对自己的疑难问题得到一个圆满的答复。当时有个严子静测字很有名,在东御座垂花门的台阶下南侧摆摊,他一副道装打扮,卜金不凡,有钱有身份的人问命卜卦常去找他。后来他还真的发了财,在王母池旁建起了一大片房子。

(二)香客街市——买卖,发财的还是人

上了年纪的人说:"当初泰安就指望(依靠)着一个香客市,一个完粮。"换句话说,香客市的买卖和一年两季的农业收入,是泰山的两大经济支柱,这话并不夸张。香客市数不清的买卖行当,为泰山人着实增添了不少的收入,也为庙会增加了一份热闹。

香客市的店铺多是以家庭为单位组成的。其买卖是顺应市场的需要而发展起来的,百货杂品,风味小吃,凡所应有,无所不全。冯玉祥先生曾考察过庙会的香客市,并留有《庙会的市面》一诗及赵望云为诗所配的画(图33)。其诗云:

赶庙会, 开市场, 各种货物来四方。

有洋货, 有土产, 还有大喝小吃馆。

这一边，	摆面摊，	台凳板桌都齐全。
爹揉面，	娘烧炉，	生意买卖儿照顾。
那一边，	更热闹，	汉子张口大声叫。
酸梅汤，	荷兰水，	价格便宜味鲜美。
有老少，	有男女，	杂乱拥挤来复去。
买者少，	看着多，	腰里没钱没奈何。
乡民苦，	乡民穷，	金钱日日外国送。
说缘由，	话根底，	生产赶早用机器。

这是冯玉祥先生对泰山庙会市场的描写。有感而发，表现出冯先生对百姓的同情及对中国社会落伍的感慨。但从另一个方面，生动地展现了庙会市场的热闹场面。

图33 《庙会的市面》诗配画拓片

岱庙内外的香客市，是随着庙会的产生逐步发展起来的，一直是泰山庙会的中心。在民国十八年（1929年）岱庙又确定为中山市场，庙内的神像及部分附属建筑遭到严重破坏，有些建筑改作他用。从仰高门至仁安门东神门辟为东市场街，从见大门至仁安门西神门辟为西市场街。东市场街取名"中正街"，西市场街取名"玉祥街"，后因冯玉祥反对以自己的名字命名，"玉祥街"又更为"至善街"。两条街的两边，布满了由政府统一规划了的店铺，这些店铺成为庙内香客市的主要组成部分。在庙外，南城墙下及遥参亭周围也密密麻麻的分布着杂货摊及茶馆、饭馆等。

1. 小孩玩意

在庙市上品种最多、最吸引人的是小孩的各种玩具，这也是泰山有名的"土特产"。这些玩具摊占，到处都有，较为集中的是仰高门两旁。玩具的种类很多，主要有泥制品，如泥春鼓、泥娃娃、泥哨、泥蛤蟆、泥鲤鱼、泥狗、泥狮、泥猫、寿星、不倒翁，及刘备、关羽、张飞、孙猴子、唐僧、沙僧、猪八戒等民间艺术形象。竹木制品主要有标枪、大刀、花啦棒槌等。皮制品有皮老鼠、货郎鼓等等。最有特色的是泥制品，都是当地民间制作的（如邱家店渐汶河等就以制作泥制品出名)。

泥巴哨是最受欢迎的一种小儿玩意，长约 2－3 厘米，通常做成鸟形，是黑色的，翅膀及头尾彩画，很好看。泥哨有两个孔，一个在鸟的嘴上，一个在鸟的尾部，口对着鸟嘴一吹，便会发出声响。这种哨子制作较为简单，泥巴也好造型，插好孔用低温烧一下，绘上彩即可，所以价格便宜，携带也方便，很受外地香客欢迎。花钱不多就可满足小孩的要求，只是不经吹，因为是低温烧制，泥质仍吸水，如果老是放在嘴上吹，口水打湿泥哨口，泥一粉就不会发出响声了。因此也常使香客们迷惑不解，认为泰山真是有神，在泰安吹着好好的，回家就不响了，真是神泥巴。

泥春鼓比起泥哨子来制作就复杂了一点，但吹出来的声音可有了变化，很好听。春鼓也是用泥巴做的，大小如小鸽子。先将泥做成鸽子的形状，在其脖子下部、腹部及尾巴下各插一孔。孔与孔之间是相通的，用两个长 1－2 厘米的细竹苇插入脖子及尾下的小孔内，泥干后饰以彩绘。用两手抱着吹，左、右手拇指分别堵着尾部与颈部的竹苇小孔，吹时口对着腹部的孔送气，左、右手拇指抬起，即发出声音，随着拇指有节奏的不断变化，便可吹出悦耳的声响。人们之所以称它为春鼓，是因为它可吹出"春鼓鼓、鼓；春鼓鼓、鼓"的节奏，这被认为是吉祥的声响，是报春的信号。

能叫的汪汪狗，也是小孩喜欢的一种玩意。这种狗是先用泥做好狗的前半身和后半身，中间用薄羊皮或牛皮纸连接，在后半身的尾巴下插有一孔，玩耍时两手向中间挤压，腔内空气从狗尾下的小孔内排出而发出声响，两手不停地拉、挤，就有"汪汪"的狗叫声，很吸引人。同种做法还适合于猫、虎等多种造型的泥制动物。

现在已不多见的货郎鼓（当地叫"扑棱鼓子"），在以前的庙会上也是一种常见的小孩玩具。制作也很简单，用硬纸悫圈好作鼓帮，鼓面用羊皮或牛皮纸糊好，在鼓帮上引出两根线绳，拴上一个酸枣核（hū），再在鼓帮上插上一个竹制或木制的手柄，一把"扑棱鼓子"就算做好了。用手一摇，酸枣核敲打在鼓面上，便发出"吃不嘣咚，吃不嘣咚"的响声，多为小孩所喜欢。

2. 吃喝的馆子

庙会少不了吃的喝的。有的会就是为了一个吃，如泰安驸马庄（丰台）三月三的"妈妈会"，就是个"吃会"，装上十斤麦子，带着全家老小到会上去，吃的还是"十全席"，任吃不能拿，吃完就回家。岱庙庙会虽不是吃会，自然也少不了一个吃字。赶会去，一是要进一进香表达一下心意；再就是看看热闹，饱饱眼福，吃点好吃的解解嘴馋，也就不算白逛一次岱庙。

岱庙南门外东西街的摊点，大都是卖吃的饭馆、饭摊。现年86岁的王绪莲老人讲述说：她四叔王洪奎、四弟王绪生，都是在岱庙南门外岱庙坊东开饭店的。卖有各种炒菜，饭有高桩馍馍、蒸包、面条、油煎包、甜沫、牛肉糁等，还有红枣江豆黄米蒸成的粘糕，现吃现煎又香又甜，别具风味。八个制钱买一碗大卤面，两个制钱买一个圆烧饼，三个制钱能买两个粽子。她的父亲王洪斌在庙会上卖米粉，每碗五个制钱，整个庙会生意都很兴旺。王家店的附近还有一个赵家饭店，卖的是一种有小碗口大小，外撒一层芝麻的面食，名叫"薄脆"，既香又甜，是泰城的名吃。

岱庙南面的五个门，当地群众称为五朝门，中间的正阳门，平时是不开的，只有皇帝来祭祀的时候才开。到了民国时期也很少开。正阳门两侧的仰高门、见大门是开着的，也就成为岱庙香客市两条街的两个人口。

岱庙内没有正规的饭馆，但小吃很多。进仰高门东边的第一个小铺就有很出名的小吃。这是来自河北大名府的一家人开的,有爷儿四个。小店虽没有门头,是贴着城墙根的席棚子,但因他的五香花生米很好吃,买卖很是兴隆。他们的泡制很讲究,是按家传的规矩来做的,放上花椒等佐料在水里浸泡,泡几天都是有数的,从不含糊,然后晒干了,用沙子炒,这是五香的。还有炸的、煮的。另外还加工兰花豆。它的花生米、兰花豆都是下酒的好菜。

庙会上的小吃很多,如蒸包、油煎包、油炸糕、豆腐脑、绿豆丸子、江米粽子、凉粉、米粉等等。一般搭个席棚,放上张桌子就可开张,有的则是露天经营。小吃不但花样多,而且也诱人。如卖绿豆丸子的,一口大锅架在那里,锅中滚开的水中煮着一块大肥肉,那肥肉被开水打的直滚动,使人眼馋,丸子现吃现盛,汤可任你喝,那肉只是让人看的,但人们总是经不住那肉的诱惑,只想享受到那肉的滋味,开一开荤。

德州的烫面包子在庙市上是出了名的,那包子拿起来,隔着皮能看到里面的肉馅,并且又大又香,现在上了年纪的人一说起来还赞不绝口,禁不住流口水,说现在吃不到了。庙会上小吃的一些做法和吃法,有的现在还保留了下来,如:

豆腐脑、凉粉等。与吃比起来，喝就简单得多，对大多数人来说，喝点大碗茶就算过得去，但对讲究一点的人来说，进一进庙市的茶馆，是少不了的。在庙市上比较有名的茶馆是宋家茶馆、李家茶馆、刘家茶馆及叶家茶馆。

宋家茶馆位于遥参亭的后门，这个茶馆不但茶好，茶具也很讲究，茶壶、茶杯是泥子的，非常在行，样式也很好。如茶壶，先用黄豆装入壶内，浸上水，盖上盖，黄豆一膨胀，就将壶胀破了，然后用小铜锔子再一点点的锔起来，锔出纹理，而壶嘴则是锡的，用的时间越长，壶上的铜锔子和锡壶嘴就磨得越亮，金色、银色对比在紫色的壶上，是一种绝妙的装饰，非常好看。常去茶馆的人自然是有脸面的有钱人，二三个人一凑就去喝茶。

在炳灵门内是李家的茶馆，是李云瑞兄弟俩开的，后来又分成了两个茶馆。李云祥的茶馆，茶具也很著名，茶壶有孟展、陈凡、透河、紫砂等江西名品，对水的要求也高，取得是西河的泉水。茶叶也有很名贵的，并备有黑、白瓜子，吸引有不少的客人光临。当时在茶馆里能办很多事，有谈买卖的、有打官司在此讲和的等。据一些老人讲，当时的茶，品种也很多，以珠兰、大方为常见，比现在的茶好喝得多。

因岱庙内的几眼井无好的甜水，冲茶的水都是从外面用水桶挑来的。

刘同典开的茶馆，应当说是岱庙几家茶馆中最热闹的一家。因为唱西河大鼓的刘泰清、说评书的刘浩三、于传斌、甄玉峰等当时的著名艺人曾都在他的茶棚子轮着说过书。边喝边听的享受，是很惬意的事情。叶家老妈妈的茶馆在东御座垂花门台阶下的北边，虽不及以上茶馆的讲究，倒也是休息的好去处。

3. 百货杂品铺

可以这样说，生活中所需的日用百货，土产杂品，都可以在庙市上买到。

当时庙内卖百货杂品的店铺多是较为规整的门头。经过1928年改造后的庙市，从仰高门到仁安门东神门和从见大门到仁安门西神门的两条街（即所谓的中正街、至善街）两侧的绝大部分的席棚被改造为瓦房，这些百货杂品店铺算是相对固定的店家了。有些店铺的招牌同山上香客店的招牌一样，是用实物形象来做标志的。如：葫芦、双头马、蝎子、大剪刀、大铃铛等，这些招牌有的是画的，有的是实物的模型，就放在店铺的门口的桌子上或挂在店门旁。这同样是为不识字的老百姓准备的。如果香客看到别人买的东西感兴趣时，就会问"从那里买的?"，对方就会说"从蝎子店"或"某某店"，香客会很容易找到自己所要去的店铺。当然也有用文字命名的，如洪茂恒、李大针等。

洪茂恒店，是岱庙内的第一号大店。店主叫李希奇，是泰安南上高人。经营的商品很多，主要是响器，如铜锣、钗子、旋子、唢呐、大鼓、小鼓等，因此也叫响器店，同时也经营百货，买卖很兴隆，当时就雇有四五个伙计。庙会结束后，买卖就没有了，于是就到新泰、莱芜、蒙阴、沂水等地赶会。年底回泰安，过了年再继续在岱庙经营。

在洪茂恒店周围也都是些比较有名的店铺。在其南面是"琉璃嘣嘣"店，是一个名叫刘圣莲的东乡人开的，他的店与前面曾提到的那个河北卖花生的小铺对门，因卖的全是玻璃制品，特别是因经营玻璃鼓铛，而有了"琉璃嘣嘣"的绰号。在卖花生米的北面是回民马三开的广货店，有日用品及文房四宝文具一类的东西。再北侧是一溜广货摊。卖的有洋货及广东货，有瓷盆、铜盆、玻璃灯罩、煤油灯、各种镜子、香粉、雪花膏、香水、梳头油等。在洪茂恒的北面有若干针篦棚，是专卖各种针线、梳子、篦子一类东西的摊点。店的招牌多是实物形象的，如"双马头"，是用泥巴做的有两个头的马。有个卖篦子的外号叫"齐大蝎子"，它的店铺挂的就是一个木头做的大蝎子。还有挂剪刀的。

在"万代瞻仰"碑的北面，是有名的李大针的针篦棚。李大针，是老字号，货色比别人的好，知道底细的人多到他的店里成筒的去买。据说他还有撒针的绝技：手拿一包针，向木板上撒去，一撒是五个，是一个号的，一包针是 25 个，这样分五把撒出去，针全部整整齐齐的插在木板上，拨下时针不弯、尖不折。在岱庙的香会上，他一般不表演，因为这个会大，多不零卖，参加其它较小的庙会时常常这样表演一番，表演时边撒边唱。有时则用钳子掰针，针只断不弯，以此表明针是好钢。可那时香客都以为泰山针是"神针"，针又是生沽的必需品，家家都用得着，所以来赶庙进香常买几裹针带回家，针篦棚前总是人来人往。

从汉柏院下来向南，是李希银的店铺。过去这个人是挑小挑卖洋油（煤油）的，有个外号叫"洋油少爷"，之所以喊他洋油少爷，一是说他是做洋油买卖的；二是说很讲究，还很讲卫生，虽挑着挑子，但跟少爷一样。后来在岱庙香客市设点卖土产，如当地的笤帚、淄博的瓷器等。

在庙市上，时有卖膏药的。通常也搭着一个大棚，棚外有一口大锅，锅内熬着膏药，一旁的桌子上摆着制膏药的名贵药品，有虎骨、鳖甲、熊掌、红花等。另一张桌子上摆着制好的膏药。卖药人边喊边卖药，人们常称呼其"狗皮膏药"，说得好听，只是不能治病。

说到卖药，岱庙最出名的便是陈兆兴，他扮着蛮子的装束，用白毛巾包着头，撇着四川腔，经常在宣和碑的前面摆摊。他用白粉子写着、画着，并吆喝着卖得是"汉王紫金果"，说这东西出自四川刘备皇林，三年开花，六年结果，九年才成熟，是很难得的药材。他有一伙帮说帮卖的，叫"户"（也就是现在所说的"托"），当他喊得起劲的时候，这帮"户"就围上来，装作盘问的样子，问他"这明贵的东西是怎么来的？"他就说："是从在北京的哥哥那里弄来的。"问的人拿过去还煞有介事的作一番审视，说什么"对，是真的"，接着帮卖的人就抢着向前去买，不明真相的外地香客很容易上当受骗。

在庙市中的书画买卖也很有特色，配天门后面就有几家拓裱字画和卖字画的。字画挂在席棚内的四壁上，大都是自画、自写、自裱、自卖，画的多是富贵吉祥画，如麒麟送子、富贵有余、招财进宝，也有家堂轴子、财神像等。对此，吴组缃先生在《泰山风光》中曾有一段生动的描述：

> ……朋友说着话，把我带进一座芦席棚里，棚子的四壁，上上下下密密丛丛挂着大红大绿的画子。画子都是手绘的，麒麟送子，八仙，关二爷看《春秋》，富贵有鱼，招财进宝之类，另外还有歪脸歪嘴的胖娃娃，驼背扭腰的四季美人。那些人物无不奇形怪状，带着浓重的设色，给人一种浑身觉得痛楚的强烈刺激。

庙内也有很多卖碑帖拓片的，多是泰山及岱庙的碑文石刻，有的是木板子的复刻拓片。一些有名的名拓名画也常常见到，不过多是些赝品。人们可以观赏和选购。

在配天门后门东的殿檐下，还有一个输赢钱的字联摊。在台阶上摆有许多的字联，他说一个上句，让你选下句的字联，对上了就算赢了，否则便要掏钱。好比说是古诗，他说"春眠不觉晓"，你如果压了"处处闻啼鸟"的字联上，就赢了，主家要给你钱。这是对能识文解字的人所做的游戏。

以上仅是庙内中正街庙市的一角，可见买卖之兴盛，也见买卖之把戏。

（三）乞钱——生财有"道"

俗话说，生财有道，这个"道"是办法，是门道。我们在这里所说的"道"除此之外，还指实实在在的道，是路，是登山的盘道。在香火期间占道乞钱，以道谋财，在泰山由来已久。

对这种阻道乞钱的做法，明代人张岱曾愤激其行："其乞法、扮法、叫法，是吴道子一幅地狱变相，奇奇怪怪，真不可思议也。"当时泰山流行一种锡钱，薄如榆叶，上铸有阿弥陀佛字样，专用于上山时舍乞讨者之用。上山时香客店将这种钱付于香客，供香客用于施舍乞讨者，而乞讨者再将钱给予客店以兑换现行之钱。在张岱看来，泰山有两件最可憎恨的事情，一是进香者在泰山所立的落有姓氏之名的"万代瞻仰"、"万古流芳"的香火碑；再就是这乞讨之事。由此而感慨于名利之害："乞丐者求利于泰山者也，进香者求名于泰山者也。泰山清净土，无处不受此二项人作践，则知天下名利人之作践世界也，与此正等。"（《岱志》）

有一个故事说，从前京城有个官听说泰山的盘道上有很多乞钱的，来泰山时带了许多的钱，自以为足够施舍之用，不料未到山顶便用完了。他很纳闷，第二天一早便派人下山察看，发现上山盘道两旁的草上都穿着钱。这个故事或许就是在告诉人们，泰山上的乞丐实在是太多了，像草一样，你有再多钱也打发不了。

在民国时期这种沿路索钱、索物之风仍很盛行，沿路乞讨者甚多，逢人便索钱索物。口中还念念有词："千舍千有，万舍增福"、"步步升高"、"积德吧，掏钱吧，个人行好是自个的"。如果不给，便会阻拦纠缠，民国二十年（1931），傅振伦先生随北大史学系考察团游泰山也曾为此伤心，"游泰山杀风景事，莫过于此"（《重游泰山记》）。

1. 乞丐与"乞官"

在盘路行乞的队伍中，有的是为生活所迫而为之的，这就是我们要说的乞丐，当地称作要钣的（图34）。他们在路上

图 34 一天门的乞讨者

乞讨是为了糊口；还有一种人，占道索钱是一种"职业"，为的是发财，人们称之为"丐官"。据说这种丐官还是乾隆皇帝封的，真是无孔不入。

乞丐多是从乡下或外地来的一些老弱病残者，或瘸，或瞎，或老，或小，坐在盘道两旁，期待着香客的施舍。看到香客时便不住地磕头讨叫："老少爷们，给一个钱吧，可怜可怜我吧……"、"行行好，增福增寿……"等等。样子很可怜，给钱给物，或多或少，乞讨者都会磕头相谢。吴组湘先生在民国二十四年（1935年）受冯玉祥先生邀请来泰山讲学时，曾对盘路的乞讨者作过细致的观察，非常憎恶借道发财者，而对真正的乞丐表示出同情，他在《泰山风光》一文中写道：

> ……几个残废的乞丐——有瞎眼的，有没脚的，——坐在路旁，磕头叫嚷，为状甚苦。看看他们身前的乞盘里只有一些"煎饼"的碎片和"麻丝结"之类，虽也有铜钞铜钱，但如月夜的星斗，点得出的几颗。那些乞丐一边偷空拿"麻丝结"在膝上搓细索（为自己扎鞋底之用，或卖给人家），一边胡乱把"煎饼"抓了塞在嘴里，咀嚼着。每有人过，就磕头叫嚷起来。往往叫了半天，无人理会。有一种带有小孩的，自己没讨得着，就叫小

孩跟了人家走。这种小孩都不过四五岁，连走路都走不稳，却因要追赶行人，不得不舍尽气力，倒倒歪歪地快跑，一面喘气跑着，一面"舍一个钱吧，舍一钱吧！"地嘀咕着，一面还要作揖，打恭，到了相当的时候，又还要赶拦上去，跪下，磕一个响头。这种繁重工作的结果，十回有九回是苦窘着小脸空手而回。因为等他磕过头爬起来时，那行人已经早在远远的前头，再也追赶不上了。再说借"道"生财的"乞官"。

在盘道上做此种事情为生的，多是住在盘道两边的人家，终年以乞钱索物为业。尤其到了香会期，也便到了发财的好日子，男的女的，老的少的都有，有时是一家人一起上阵。据说在香火之期，每天可讨得几十元钱，多者可至百余元，有的也真的发了人财，盖起了房了，购置了田亩。

吴组缃先生，就在关帝庙看到靠着讨要香客的钱财过着安逸生活的一家人。这家人有着卖元宝纸锭的店铺门头，也有着高门阶的住宅，地有一顷多。一见他们的穿戴，就知道不是一般的人家。这家人有一个留着西洋头的二十四五岁的小伙子，苍白清秀的脸，穿一件时髦的青灰色新棉袍，黑丝绒鞋子，一只又白又瘦的手上夹着一支香烟，口上还悠闲地吹着哨子，"看样子竟像本地一位少爷公子或小贩之类"。而其它家人也别有风度，在店铺里坐着的两位女主人，"年老的，团面白肉，满身福相"；"年轻的，抱着一个小孩，穿着都很不错"，而在门口的一个十七八岁的姑娘，"不但白皮细肉，体面干净，而且旗袍皮底鞋，简直是本地十分摩登的了"。还有一个三十多的男子，识文解字，"躺在一把帆布椅上，两腿高高地架着大腿，手里拿着一本'一折书'本的《施公案》在看"。瞧这一家子的形象，全都是些富贵的胎子，谁会想到是道上乞讨的主儿。

一到了半夜，这些体面人就是另一番模样了。盘道上各家的门开了，打着火把，带着孩子，拿着乞讨的盘子出动了。各家分段居道，用长板凳或其它一些东西拦在盘路上，只留一个刚能过人的关口，而那讨要钱物的盘子就放在这个口子上。有的人就干脆站在或坐在口子中央，上山的香客如不留下点东西就很难过关。这些人一反白天的整洁富贵之相，专捡些破的旧的衣服穿在身上。而真正的要饭的，这时就早已不见了（也不能容他们在这里）。"乞官"们都在自己所设的关口旁点有火把，每隔七、八步就有一个，前前后后一溜火光。

　　有些人为了多得一点铜钱，不惜让小孩也赔着受罪。有这样一个老太太，家有三个儿子，还有几亩地，也照旧让孙子来帮着讨钱，看到香客快来了，就将睡在道口的孙子从被窝里拉起来，把赤身的孙子放到自己的怀里，用衣裳掩盖着，同时唱到："烧的是平安香呵，舍一个如意钱。看你五谷装满仓呵，添子又添孙……舍一个钱呵，各人修好各人的呵，舍的快发的快，舍多发的多呵。老奶奶（泰山老奶奶）看在眼里的呵……"小孙子也好像是训练好了的，每当香客走到跟前，便自动的从他奶奶怀里钻出来跪在地上，双手拱在胸口，一上一下施着礼，直冷的牙齿颤抖，清涕直流。有时香客不丢铜钱，老太会拉住香客不让走，或上前去掏查他的褡裢，看看实在没有钱了才放他过去，如果这样没有钱的香客多了，她就会咒骂似的嚷上几句："你是行好的呵！你是行好的呵！"这样，香客走一批又来一批，小孙子就会一次又一次被拉起，堆在路口的火也就一次次被拨亮。一会工夫那讨钱的盘子里已是琳琅满目了。

　　吴组缃先生，在那天夜间与哈代先生的凑热闹中，因没带铜子，又被认为是香客，常尴尬于一道道的关卡中。有意思的是，白天见到的那一家体面人，也在夜间粉墨登场了：

……忽然一个人扭住了我。按照刚才的经验，只要摆一下身肢就可以脱逃的。这次可不行。我被那人扭出了行列，弄得无可措手。我停睛一看，那人披着一件破衣，白皮细肉，一把粗辫子，不是别人，就是我白天看见的那个体面干净、衣饰摩登的十七八岁的姑娘。在此惶恐狼狈之中，我听得哈代先生呵呵大笑了起来。

"那不是香客呵！那不是香客呵！那是上面庙里的先生呵！"一个男子远远地站在门上嚷着。

我看那男人，也是见过的，正是白天在路上遇见，一块上来的那个苍白清癯的青年小伙子。

说时迟，那时快。那姑娘给提醒了，羞得要不得，使劲把我一推，就像一只兔子似的窜到黑暗里去了。

好一幅生动的百态图。

2. 道士与和尚

那摩登女郎是含羞地跑开了，不过这在当时已不是什么不光彩的事情，借道讨要已成风习，也就不怕外人见笑，"我们这里就是这个规矩"。就连吃斋念佛诵经说道的道士、和尚看到这种生财的门道，也耐不住寂寞，借着夜色到庙外来寻点外快。

伴佛伴神的道士、和尚有着自己的优势，夜间你不是不会到路旁的庙中去吗？那么我就把神请到道上来，不怕你不留下点香火钱：

……白天摆在正殿旁边的一个灵官菩萨，此时连同龛子搬了出来，安放在摆在门口路当中的一张方桌上。桌上一盏豆油风灯，一只破磬，中间设有茶叶果子之类供品。那灵官圆睁眼睛，张嘴露舌，红胡子直拖到胸口，手拿一根钢鞭，端的威武。一个道士衣冠端正，眼目惺忪的坐在一条板凳上，不住打呵欠。

"香客快上来了吗？"

"就来了！就来了！"

据说，这道士是当家的胞弟。这庙里香火不旺，唯独这座临时摆设出来的灵官菩萨跟前，因为当着要路，却是个极肥的肥缺。这肥缺别的道士沾不上，当家的放了他的令弟来承乏。每月收入，大有可观。①

凡人装穷相是为了让人同情，而修炼欲仙之人则必须一本正经，借着神的威风好让香客多破费几个铜子。每当香客

---

① 吴组缃：《泰山风光》，引自《泰山大全》

丢下钱，他便敲一回磬，每当香客来临，他又会重嚷一回：
"开路第一盘，上山第一关，这是灵官爷爷啦！你们拜灵官爷
啦！替老奶奶报信的啦！灵官爷爷不报信，老奶奶不知道
呵！"看到这般阵势，听到这般宣传，香客们多是丢铜子的。
或有不放的，道士也会拦他，这时的斯文没有了，但盘子里
的铜子满了。

　　在泰山，和尚没有道士吃香，不过和尚自有和尚的办法，
红门宫就是一例。佛教传法，本来是一件极庄重严肃的事，
只是香火不济，难以立身，不得已，宫内便请进了碧霞元君，
于是香火有了，生机也就有了。到了晚上，同样可搬出泰山
奶奶来为自己压阵。也学者道士的样，在庙前的道中摆上一
张桌子，桌上供上碧霞元君，为的也只是个收入。据说一季
下来，就是小和尚、小尼姑都会弄个几十块。

五、事过境迁的回转

——今之庙会以及道士

同任何一种文化事项的产生、发展一样，都是由相应的社会基础所决定的。当庙会所依存的社会空间发生变化时，其自身会发生变化已是在所难免的事情。庙会，原本是在宗教信仰的基础上衍化出来的一种社会文化现象，随着社会的发展，人们的观念也在发生变化，这种变化动摇了它生存的根基。人们出于对传统文化的依恋，试图与现代的社会生活"嫁接"，并为此做出了不懈的努力。

与庙会有直接关系的宗教人员——道士，经历了一次次风风雨雨的变革，好歹又随着社会的开放，能够为了自己的信仰还有他人的需要又回到了山顶的庙中，但庙会留给他们的只是模糊的感觉及历史的记忆了。与此相近的只是给泰山圣母做寿，为了香客做点许愿、还愿一类的祈祷了。

（一）借题发挥的泰山庙会

1937年"七·七"事变后，因时局动荡，泰山庙会逐步消失，由此走完了上千年来曾一度影响全国的历程，以宗教信仰为主体的泰山庙会宣告结束。到了五六十年代，同样是由于社会的需要，泰山庙会以物资交流会的形式出现，虽也有娱乐、文体一类的活动，但主旋律仅是"买卖"，已与信仰无关。但这种形式的集会，在"文革"期间也被取消了。到了改革开放的年代，为了弘扬传统文化，满足群众的需求，由政府部门出面组织举办了几次庙会，并以"泰山庙会"定名，不过庙会只是个"台"，唱戏的是经贸。泰山庙会一时成为商品的集散地，人们购物娱乐的好去处。

1. 因地选址　因需定时

在三四十年代，泰城的教场有个会，是三月二十八日起会，会期三天。以农具及牲口作为经销对象，农活常用的杈耙扫帚锨等样样俱全，牲口也多是干活用的骡马，另外也有常用的百货日用品。当时的教场是一个很大的园子，是一个广场，赶会的人主要是泰城以及来自附近乡里的农民，外地也有来的，很热闹。这个会之所以选在教场，一是因为有空旷的场地，另一个优势就是教场的西侧有个奶奶庙。在奶奶庙里有唱大戏的，唱戏的地方原有一个土台子，搭上席棚就是戏台，多是唱群众喜欢的莱芜梆子。来赶会的人，一是为买点麦前所需用品，二是一并进进香，看看大戏，一举两得。

对于庙会来说，吃总是少不了的，特别是那些花钱不多，就可解馋的小吃总是那么诱人。煎包，油光光的，吃时不是用盘子盛，而是用秫秸莛子（高粱秆顶端无节节的部分）穿着，一串可穿十个二十个，随手拿着边逛边吃，既方便又解馋；大锅面，用大盆盛着，吃时用手抓到碗里，浇上点肥肉块子煮的汤，既治饿又省事；米粉，细细的，在水里养着。说是米粉，其实是用面粉做的，吃法和现在的凉面差不多，只是做法不同，不是用擀面杖擀的，而是像做粉条似的，用漏子漏的，出来的是圆形细面条，吃时，用手抓到一种很浅的盘形碗里，撒上点咸菜，用筷子沾上点香油，便是有吃头的好饭食。这种小吃现在已看不到了；还有那掉着嘎渣的油酥烧饼、漂着红绿佐料的豆腐脑……都具有很大的诱惑力。

这种以买卖为主，兼有娱乐进香的庙会，已非常接近后来五六十年代的物资交流会了。物资交流，是当时人们为互通有无、畅通商品流通渠道而采取的一种经济手段，对这种会来说，宗教的因素已完全没有了。在地点的选择及时间的安排上也显得较为灵活，只要满足活动空间的需要，选择在农闲时进行便可。场地、时间都不是一成不变的。

1979 年的庙会，自农历三月二十八日开始，至四月初六结束，历时 8 天。庙会由泰山大桥往北折向西，绵延 3 华里。参加交易的除了当时泰安县的外，济南、宁阳、莱芜、肥城等商业部门也参加了大会。加上周围各地的小商小贩，整个会场琳琅满目，各种货物和土特产品应有尽有。庙会期间，山东省京剧团在泰山剧院演出了《西厢记》、《碧波仙子》、《凤还巢》等传统剧目。泰山大桥以南河西岸上也扎起了戏台，安徽省宿县驯兽团、山东德州地区杂技团、新汶县豫剧团，在这里为赶会的群众作了演出。每天来赶会的人最多时达 10 万多，每天贸易成交额 20 多万元[1]。

1986 年的泰山庙会，选址于岱岳观旧址前的东西街上，会期是 7 天，自公历 5 月 6 日至 12 日。物资商品交易、文化娱乐和景点观光是基本内容，虽也有在王母池进香的，但多

---

[1] 蔡田：《阳春三月赶山会》，1979 年 4 月 5 日解放军福建前线广播电台。

半是看热闹时的顺便之举。当时有上百家商业团体参与庙会活动，有数不尽的大小摊点经营着各种各样的百货用品、生资用品及地方特产，与五六十年代物资交流会所不同的是，个体经营者几乎占了主流。四方的文艺表演团体也来了不少，为庙会增添着欢乐的气氛。由于庙会已停办了多年，所以前来赶会的许多人是带着怀旧或看看新鲜的心理来的，不管老的少的、各行各业的人，都想体味一下流传千年的古老庙会。

庙会在 1991、1992、1993 年，又连续举办了几次。1991年会期 6 天，赶会人数达 120 多万人次，平均每天有 20 多万人光临。庙上有 40 多家商业大棚及 1 000 多家经营小摊参与商品交易，有 12 个表演团体为大会助兴。1992 年，规模有所扩大，会期延长到 10 天，地点以红门路为中心，南起岱宗坊，北到关帝庙，向西延伸近普照寺，东至王母池。庙会上有1 500多家售货摊点、15 个大型表演团体、200 多家饭棚参与经营、娱乐以及服务，赶会人数达 200 万以上①。

1993 年的庙会，会期 10 天，自公历 5 月 8 日至 17 日。地址又有所变化，庙会分南北两个会区。南会区在林校广场，

① 张用衡：《泰山庙会古今谈》，《华夏星火》1992 年第 7 期。

设了两个演出大棚、六条商业街；北会区以红门路北段为中心，北到关帝庙、西临普照寺、东至王母池。1 600 多家经营摊点、19 个大型表演团体、400 多座商业大棚分布于庙会的南、北两区，每天有近二三十万人前来赶会。(图 35)

图 35　庙会商业街一角

2. 政府组织　部门主办

由政府部门精心组织，是当今庙会的一个基本特点。庙会是否举行，取决于有关单位的审报请示及上级部门的态度。方案一旦审批下来，各有关部门就需要紧密配合组织实施了。在举行的几次泰山庙会中，都成立有泰山庙会指挥部，以统一协调各方面的工作。一般是由工商部门牵头，制定出庙会实施方案，再由公安、城建、供电、文化、体育等部门配合协调，共同来完成庙会所制定的各项具体方案。

会期确定后，接下来便是宣传发动。一是通过新闻媒介如电视、广播、报纸等发布消息；二是通过张贴海报广而告之。宣传的内容不外乎起会的意义、时间、地点以及活动的项目等等。来会的文艺团体是需要提前联系的，有的需要请，有的则是闻讯而至。对摊位的定点是按经营类别来划分的，并按其位置的好孬及大小来收取摊位管理费。

从举办的几次庙会来看，与古之庙会相比，在组织形式上有很多特色：

特色之一：官职官责

1993年的庙会，早在筹备阶段，泰安市委、市政府就曾对如何办好庙会提出了具体意见，并审定通过了《1993泰山庙会实施方案》和《1993泰山庙会具体实施意见》，分管的市领导担任庙会总指挥，并参加了庙会筹备会暨新闻发布会。5月8日，泰山庙会举行隆重的开幕式，市委、市政府、市人大、市政协、市纪委五大班子的主要领导人及泰安军分区主要领导人出席开幕式，并亲自为大会剪彩。开幕式后，市长还视察了整个会区。

特色之二：部门出面

泰山风景名胜区管理委员会是庙会的主要牵头单位和组织单位。庙会的筹备工作及庙会的管理组织工作始终是管理委员会的重要工作之一，正、副主任靠上抓，统一指挥，统一调度。从筹备到实施都精心组织，首先是在市政府的统一协调下，取得市工商局、公安局、电业局、文化局等部门的大力支持与配合，接着选配得力人员成立庙会的指挥枢纽——庙会指挥部办公室，下设会务组、宣传组、治安组、交易管理组、财务组等五部分机构，具体负责方案的落实。为把庙会办好，1993年的庙会提出了"安全、卫生、有序、高效"的八字方针。

特色之三：协同作战

安全、卫生、经营等方面的管理，由分管组各司其事。在安全上整体部署，分片包干，白天加强巡逻，夜间坚持值班。还出动宣传车，每小时巡回播放庙会管理通告一次，杜绝道路摆摊现象，预防事故发生。

卫生由会务组负责，清洁队为使庙会有洁净的环境，每天早上4点半就到位清扫，白天人多无法扫除，就用手捡，晚上八九点钟再通扫一遍。十天庙会共清扫垃圾 61 立方米，清运粪便 45 吨。卫生防疫也是重点，检疫人员每天坚持对 200 余个饭棚及会区饭店进行逐一检查，使庙会上十多万就餐群众，无一例食物中毒现象发生。

工商管理，责任到组、到人，分工明确、任务落实。交易组提前向每一个到会摊点及文艺表演团体发放了《泰山庙会守则》、《泰山庙会收费规定》等有关规章条文。宣传组每隔 20 分钟播放一遍庙会的有关事项。

3. 庙会搭台　经贸唱戏

在 1993 年的泰山庙会总结中，有这样一段文字：

> 庙会搭台，经贸唱戏，作为一种千百年来传统的民众聚会形式，庙会的影响已深深地积淀在民族意识中，利用这一形式来进行经济交流和文化宣传，其功效是独特的。泰山庙会为我市敞开大门、振兴经济提供了一个巨大的市场。今年庙会期间，虽因风雨影响了近两天的正常经营，但上会人数仍达 247 万人次，成交额 1 137 万元。人们的热情之高、效益之好，会上所表现出的新风貌、新气象都达到了空前的水平。

不难看出，举办庙会的目的是明确的，庙会只是一种形式，经营贸易是中心，为的是敞开大门发展经济。既然是贸易、是市场，也就少不了竞争，其场面很热烈。

镜头之一：外地与本地的竞争

1993 年的庙会，外地客商比往年来得多，也有影响的厂家，如文登的农用汽车厂、福建石狮的服装厂、青岛的皮鞋厂等等，这就给本市的厂家带来了压力与挑战。会场上，泰安皮鞋厂的大棚恰巧与青岛皮鞋厂的大棚相对搭建，双方各不相让，大喇叭从早响到晚，竞争场面十分热烈，结果卖了十天，战了十天，最后双方打成平手，皆大欢喜而归。(图 36)

图36 庙会上的宣传竞争

镜头之二：城乡顾客的竞争

庙会使城乡得到了互补，促进了商品大流通，同时也加剧了相互间的竞争。由于城乡之间的消费水平还存在着一定的差异，在城市中往往讲究时髦、新潮，但流行期一过，很多产品便被打入冷宫，在城市失去了市场，而庙会为他们提供了一个广阔的农村顾客市场。庙会的交易形式比较适合广大农民的购物心理与习惯。在庙会上没有大商店的冷面孔，没有说一不二的定价，还会很容易的货比千家，买到自己中意的商品。因此庙会吸引来了大批的农民，他们大多注重实惠，那些在大商场柜台上被冷落、遭积压的货物，在庙会的大棚中却受到了农民的青睐。如泰安针织厂生产的尼龙丝袜，十天时间销售了近十万双；新泰一家福利企业的 2 000 余套时装、童装，庙会期间销售一空，回收资金 4 万多元。反过来，农村的一些产品也在城里找到了销路。肥城一家工艺品厂生产的仿玉制品，曾因商品长期找不到出路而苦恼，在这次庙会上却一举同青州市外贸部门签订了 7 万多元的合同，解决了企业的燃眉之急。

镜头之三：商品广告的竞争

庙会上的广告宣传形式特别引人注目，庙会成了广告的世界。礼仪小姐散发的、木牌上写的、墙上挂的、喇叭里喊的，全是商品广告。不少厂家和经营单位并没有把商品拉到庙会直接叫卖，但是通过种种形式的广告，就使这些厂家和他们的商品大扬其名，招来了大批洽谈的客商，做成了一宗宗的交易。如泰安市酒厂、泰山钢木家具厂、泰安锻压机床厂、泰安"铁将军"实业公司等，均通过广告宣传获得了较大的经济效益。其中泰安质量技术开发公司及下属企业仅5月10日一天的成交合同额，就达50余万元。

镜头之四：商品品种的竞争

庙会上市的商品在发生着变化，商品档次明显提高。1993年庙会共上市商品200余类，近6 000种。与往年庙会不同的是，不仅数百元一套的服装、一百多元一双的运动鞋、家用吹风机、高档化妆品等等出现在摊棚中，而且汽车、大型机械、水泵电机、各类建材、真空太阳能热水器等大型设备及用品进入了庙会。庙会以其商品的变化，吸引着越来越多的不同层次的消费者及消费单位。

镜头之五：文化项目的竞争

庙会在经营贸易的同时，也是文化交流比赛的好地方（图37）。1993年庙会的艺术节目和文化展出，也比往年更为丰富、精彩。如济宁豫剧团的公演，深受老年人的喜爱，每天演出两场，场场爆满，观众多达四、五千人。不少老年人自带干粮，步行几十里前来看戏，散戏后仍不肯离去而坐等下场，观众的热情甚至感动了剧团，他们主动提出每天再加演一场。其他节目也都有各自的观众，华东歌舞团的著名影视演员的演出，使得大批青年观众兴奋不已，喝彩声迭起；聊城地区杂技团的部分节目曾获得过国际大奖，也为中央领导同志作过表演，在庙会上也能一睹他们的风采，令人感到不

图 37 "少林"广告

虚此行。同时，结合庙会活动还在普照寺、红门、岱庙等地举办了《冯玉祥将军在泰山》、《泰山民俗展》、《泰山石文化》等专题陈列，从较深的层面展现了泰山文化，使弘扬文化成为泰山庙会的重要组成部分①。

（二）古会影显的"蟠桃会"

今之泰山庙会，已有点脱胎换骨的味道，这主要是已没有了往昔的那种浓浓的宗教氛围。这对年轻人说倒没有什么，但对上了年纪的人来说，赶会时总觉少了点什么。泰山王母池的蟠桃会可弥补一点这方面的遗憾。

1. 王母池——王母娘娘的家

王母池，古称群玉庵，内祀王母娘娘，位于泰山之阳的红门宫东南，在唐代时曾是岱岳观的一部分。这组祀西王母的建筑，出现较早，三国时期曹植的《仙人篇》就有"东过王母庐"，"俯观五岳间"的诗句；唐代李白在《泰山吟》诗中也有"朝饮王母池，瞑投天门阙"的记述，可见王母池在泰山的影响还是很大的。因与王母有关，观内的水池被称为瑶

---

① 1993 年庙会资料，采自 1993 年 5 月 25 日泰安市泰山庙会指挥部：《泰山庙会 硕果累累》庙会总结（油印稿）。

池、王母池，有楼叫王母楼，观前有桥叫王母桥，其旁有洞曰"金母洞"。现主要建筑有大门、王母殿、东西配殿、东西耳房、悦仙亭、七真殿和小蓬莱阁等。观为三进院落，主要建筑依次坐落在南北轴线上。

王母，也就是西王母，又称金母，俗称王母娘娘。原为中国古代神话中的女神，后被尊为女仙领袖，这位女仙领袖之所以在泰山安家，恐怕与她的神格有关。西王母既是主死之神，又是主生之仙。据《山海经·西山经》云："（西王母）司天之厉及五残。"郭璞注曰："主知灾厉及五刑残杀之气也。"郝懿行疏为"西王母主刑杀"。这是说西王母主死。西王母亦主生，掌管着"不死之药"，传说羿就曾请不死之药于西王母。《易林》卷一还有"王母善祷，祸不成灾"的禳灾赐福的说法。这些都是与泰山主生死的观念相一致的。

如果从她的缘起看也与泰山有关，《山海经·西山经》说："玉山，是西王母所居也。"郭璞注曰："此山多玉石，因以名云。"《穆天子传》谓之"群玉之山。"泰山多玉，而玉山也可认为是白山，或云气之山，泰山下有一小山，称长白山。这里原称"群玉庵"，也正与《穆天子传》的群玉山之说相吻合。况且，泰山还有昆仑山之称，《山海经·大荒西经》说西王母就穴居于昆仑山。人们有理由相信泰山就是西王母的诞生地，王母池就是她的家。

2. 蟠桃会——王母娘娘的庆寿会

人们崇奉王母娘娘，看重的是她手中有"不死之药"，其中蟠桃，就是能使人成仙长寿的圣果。《博物志》卷三说：西王母曾把"三千年一生实"的蟠桃，赏给好仙道的汉武帝。这一故事成为后来所出《汉武帝内传》蟠桃会之张本。

在民间，传说农历三月初三，是王母娘娘的圣诞，这天王母要在瑶池举行蟠桃盛会，诸路神仙都会应邀赴宴。因此，在每年的三月初三泰山王母池要举行盛大道场，供奉花果，焚香叩拜，以为祝贺，是称蟠桃会。由于蟠桃会的影响很大，传播甚远，每逢这一天，即使不举行道场，也仍有各方的信男信女前来王母池祝寿祈祷，逐成风俗。

新中国成立后，蟠桃会一度终止，虽也有部分信士前来焚香，但不成规模。1992年，王母池重新被确定为宗教活动场所，由碧霞祠下来的坤道管理住持道观，正常的宗教活动得以逐步恢复，为蟠桃会的再度举办提供了条件。在1994年，终止了多年的蟠桃盛会又隆重起会。

蟠桃会于1993年10月份就开始筹备。由宗教管理部门与王母池道观的坤道一起积极做着准备工作，并成立了泰山王母池蟠桃会筹备领导小组，组织制定了实施方案，并赴北京白云观联系有关事宜。会前，根据中国道教协会提供的地址，先后向全国包括台湾、香港等地的著名宫观发函，宣布要于1994年的农历三月初三在泰山举行蟠桃盛会。函告的内容包括王母池简介、蟠桃会简介、举办蟠桃会的愿望与仪程、主要科仪的时间安排等。同时在当地的电视、报纸等新闻媒体发布起会消息。

3. 做道场——再显宗教风采

特邀的北京白云观的大师、高功及乐队，在白云观住持王新阳先生的率领下，乘专车来泰山，为本次蟠桃会增添了庄严神圣的气氛。蟠桃会由十八名大师、高功同坛举行道场两天，特设祈祥道场和度亡道场。祈祥道场是为祈福延生、消灾解厄，祈求事业成功、健康长寿、吉祥平安和许愿还愿而设的；度亡之道场则是为信徒对已故先人进行追悼超度而设的。当时前来的道士及信士近千人，王母池院内及院外拥满了人。凡有所祈求的信士，均可根据自己的祈求愿望，于前一天（三月初二）预约登记。

三月初三上午八点半，举行了欢迎典礼。上午九点半开

坛，至初四下午五点半止。每天做六个祈祥道场，两天共做
有十二个道场，初四晚六点做超度道场，晚十点半结束。其
具体科仪是这样安排的：初三上午九点半祝寿，十一点上表，
十二点玉皇忏。下午二点朝科，三点玉皇忏，四点晚课。初
四上午八点半早课，十点三官，十一点北斗。下午二点朝科，
三点玉皇忏，四点布置。晚六点超度，十一点半结束。

图38 道场乐队

道场之时，十八位高功及大师身着艳丽袍衣，在音乐的
伴奏下，诵念经文，施礼祈祷，场面壮观，气氛庄重（图
38）。前来的信士也虔诚的参与朝拜。当时有全国的200多名
道士参加了盛会，他们分别来自陕西、河南、辽宁、安徽、
山东、台湾等地的著名宫观。

前来的道士和信士向庙会多有资助，几千几百不等。台湾的一个代表团捐资 2 000 多美元。一般个人捐资多为 100 元人民币，还有捐物的如：幔帐、花瓶、录音机等。前来义务帮忙的信士也很多，主动料理部分庙会事务及干些杂活，这些人不但捐款、干活，连饭菜都是自己带来的。其中还有一位来自某大学的教授，字写得很好，主动担起了《功德簿》的记录员。两天的会期，收到资助 6 万余元。

（三）古今有别的道士

道士是侍奉神的，同时也是世俗之人与神沟通的介绍人。因此，一般来讲，有神就会有庙，有庙就会有道士。不过泰山神的庙宇——岱庙，由道士来住持的历史并不是很早，这是受传统礼制的限制造成的。碧霞祠虽是典型的道教宫观，因成宫较晚，道士的历史也不久远。现在，岱庙已没有了道士，恢复了宗教活动的碧霞祠，就成为道士话题的唯一去处。岱庙、碧霞祠道士之古今不妨粗略一观。

1. 往昔点滴

岱庙在汉代就已"起宫"，只是道教尚未成教，自然就谈不上什么道士。据有关志史所载，最早管理泰山庙——岱庙的是山虞之长。《风俗通义》就说："岱宗庙在博县西北三十里，山虞长守之。"这山虞长就是掌握山泽的官，这是说当时由管理泰山的官来掌管岱庙。由于泰山之祀是历代帝王所崇尚的大礼，尽管岱庙官员在其称谓上有所变化，但由国家政权统管的特点没有多少变化。

在唐代，东岳庙的中庙改称岱岳观，成为自唐高宗六帝一后修斋建醮的场所，由道教掌管，领导者名其曰观主，但岱庙没有这方面的变化。隋唐之时，岱庙的主事仍以庙令称之。到了宋代的真宗，为封禅之事在泰山演出了一个降天书的闹剧，遂"诏兖州长吏，以天书降泰山日诣天贶殿建道场设醮，以其日为天贶节，令诸州皆设醮"（《续资治通鉴》卷二十八《宋纪二十八》）。从宋真宗所下的诏书看，是对兖州长吏发号的施令，当时住持岱庙的仍可能是官员而不是道士。不过，设醮自然要由道士操办，岱庙成为道教修斋建醮的地方，并有固定的设醮日——天贶节。在《水浒传》的燕青东岳庙打擂一回中，也没有显露出道教住持一类的信息，只是说有知州太守出面主持庙中打擂之事。

到了元代，岱庙住持为紫衣道士有了明确的记载。在泰山留下重大影响的张志纯，曾一度住持东岳庙。张志纯作为东岳提点监修官兼东平路道教都提点，为泰山的道教事业做出了巨大的贡献。他前后在泰山三十余年，其庙宇宫观如玉女祠、会真宫、玉帝殿、圣祖殿、岱岳观、朝元观、东岳庙、蒿里山神祠等相继在他手中得到修葺。他还于蒙古中统年间（1260—1264 年）创建了南天门。还有通义守正渊靖大师张德璘及梁道成也曾在元泰定年间（1324—1327 年）住持过岱庙。

明清之时，在京都设有道录司，作为道教管理的机构，各府、州、县分别设有道纪司、道正司、道会司。岱庙按其规定设有道纪，住持岱庙及管理山上山下的道教事务，其职均由朝廷直接任免。明代洪武三年（1370 年），朱元璋立碑于岱庙，去泰山神历代所封名号，仍以"东岳之神"名其名。后或因战事，或因嗣统，或因祈年，不时遣官员及道士来岱庙致祭。万历二十七年（1599 年），神宗还下旨颁发《道藏》一部于大千庙——岱庙，敕于道人，"朝夕礼诵"。明代是泰山道士较为活跃的时期。

清代的道教，已境况日下，这从康熙二十八年（1689 年）来泰山的记载中就看得出来："朕巡历所至，再经岱麓，重瞻祠宇。询其庙祝，知香火荒凉，日用难给，岱顶诸庙亦复如之。"[1] 为扭转这种局面，康熙下令在每年上交国库的香金中拿出一部用于各庙的生计，其中指明要给岱庙与碧霞祠各 200 两。早在康熙二十三年（1684 年）来泰山时就已察觉到庙宇宫观的危艰境地，曾诏示"本年泰山香税免解该部，用以鸠工庀材，虔修山顶各庙"[2]。这次来还为碧霞祠、岱庙分别题额："坤元叶应"、"配天作镇"。康熙于四十二年（1703 年），又第三次礼瞻泰山。

在清代帝王中，来泰山最多的要数乾隆皇帝。自乾隆十二年（1747 年）至乾隆五十五年（1790 年）间先后 11 次来泰山，谒岱庙，礼碧霞祠。而其它帝王则是遣员致祭，据有史所载的不完全统计，自清顺治八年（1651 年）至宣统元年（1909 年）遣使致祭于泰山达 46 次之多。在清代，除康熙为岱庙、碧霞祠题额外，雍正、乾隆也多次题额。雍正九年（1731 年）为岱庙赐额曰："岱封锡福"；为碧霞祠赐额曰："福绥海宇"。乾隆七年（1742 年）为碧霞祠赐额曰："震维灵岳"。乾隆十三年（1748 年）为天贶殿赐额曰："大德曰生"，

---

①② 中国第一历史档案馆整理：《康熙起居注》，中华书局，1984 年版，第 1 826、1 239 页。

联曰："青社开封峙者宗山称岳长，苍精降德圣惟产物与天齐。"为后寝宫赐额曰："权舆造化"，联曰："震出泰享万物广生推盛德，云蒸雨降八方甘泽遍崇朝。"为碧霞祠题额曰："赞化东皇"，联曰："碧落高居金台传妙诀，苍生溥佑木德仰慈恩。"又联曰："三素云英扶绛节，九光霞缬丽青坛。"帝王的临幸及题额虽不能解宫观的衰落困境，但为泰山道教、泰山的道士增了不少光。

帝王亲祭泰山或遣员告祭泰山，都会谒岱庙。岱庙是帝王祭祀泰山的专用之庙，正因为有这层关系，岱庙的道士与朝廷也多有来往。如定亲王与岱庙的浚川大炼师就关系甚密。

道光十二年（1832 年）的夏天定亲王奕绍登泰山，由浚川大炼师陪同导引，第一次见面就如同旧识，定亲王有感而发题诗一首："……相逢真似曾相识，握手殷勤证宿缘。"第二年，也就是道光十三年（1833 年）春天，浚川大炼师赴京拜访定亲王，并在含芳园款留数日。浚川大师曾代为诵经一个月，还代致丹枕，使定亲王感动不已，为"浚川炼师来京见访喜而有作"，赋诗而寄怀："千里遥来老炼师，殷勤握手慰遐思……小园尽可容仙侣，且缩行旌数日迟。"在诗中透露出对大师的深深情意，并相约三年后再相聚。道光十五年

（1835年）夏天，浚川大炼师如期北上赴约，定亲王为浚川大炼师的赴约及离京又赋诗两首，以表达对浚川大炼师重来见访之喜及送别还山的恋恋不舍之情①。

清末的岱庙住持宋继昌，也是较有影响的道士，据说他有皇帝所赐的黄马褂，官府都高看他一眼。从整个趋势来说，清末的道教已进入低谷，但岱庙的庙产仍很大，仅汶口一带尚有一百多亩良田，每当收获季节，粮食用小推车送往岱庙，一来就是一、二百辆，在雨花院后也有三十多亩地。岱庙的住持不仅管岱庙，山上及附近乃至新泰、莱芜、东平、东阿、长清、肥城等地的所有道士都归他管，老百姓都知道岱庙的道士是正当家的。当时的收入，除粮食外主要就是香火钱。岱顶的碧霞祠和岱庙即所谓"顶岱"二庙香火是最旺盛的。碧霞祠的香火钱自然少不了岱庙的，一个月中岱庙的道士在碧霞祠看15天，香火钱全归岱庙，其余15天岱庙的道士不在那里，但也要见十抽一。其它各庙也会不时地来岱庙进点贡。

尚士廉是岱庙的最后一任住持。他是泰安尚家寨人，11岁拜岱庙住持宋继昌为师，勤奋好学，学有所成，后继任岱

---

① 岱庙《定亲王诗碑》。

庙住持。当时岱庙尚有道士近 30 人，居住于庙内雨花道院。尚士廉在民国时期，为岱庙文物的保护曾做出过巨大贡献。1951 年至 1965 年，他先后被推选为泰安县人民代表大会代表、政协常务委员，山东省人民代表大会代表、政协委员和全国道教协会常任理事等职。"文革"中遭受迫害被逐出岱庙。1970 年 10 月 17 日病逝，葬于故里。

2. 碧霞祠的道士

1983 年，碧霞祠被确定为全国重点道教宫观，由道教组织管理使用。1985 年道士正式接管碧霞祠，开始恢复宗教活动，中国道教协会常务理事、副秘书长、山东道协筹委会主任张常明先生任住持。起初碧霞祠的道人有 8 名，后逐步增加，有乾道也有坤道。1992 年 9 月 3 日，王母池被确定为坤道院，碧霞祠的坤道全部迁往山下的王母池，当时有女冠十、八人。王母池坤道与碧霞祠没有什么隶属关系，只是有时去碧霞祠帮帮忙，做些拆洗被褥的针线活。

碧霞祠现有道士 26 人，临时人员（主要是从事做饭、保卫、卫生、小卖部以及一些干杂活的人员）10 人。在道士中以山东籍的人为多，都是全真教龙门山派的。现在观内的住持是张常明先生，"文革"前就在碧霞祠，我们采访时他因患病住院，庙里的日常事务由霍道长负责。霍道长是除张常明道长外，在碧霞祠算是老资格了，他于1985年恢复宗教活动时就来了。

碧霞祠的管理组织有两层：一层是行政管理，一层是宗教管理。碧霞祠管理委员会是行政管理机构，由官方宗教管理部门人员及在庙的道士组成，也像社会上一般单位的决策机构一样，领导成员以单数组成，设有主任、副主任及成员7人；另一层是道教内部的自身管理机构，负责日常的宗教活动。有住持、知客、账房、殿主、库头、巡寮等，两层机构之间不是孤立的，是对应的。

外来人对道士一般以道长相称，以示尊敬。内部称住持为当家的。住持下面是知客，负责接待。接待有内部外部之分，内部接待的对象主要是外地道观前来挂单的道士，外部接待则是社会上的客人。内部各职务的叫法，也应时而变，如管仓库的叫库头，现也被称为保管员。保管又分为物品保管和现金保管。大殿主，也是观中一个重要的角色，因为大殿是一个宫观的主体，其两侧的配殿也由他负责，具有带班的性质。在祠内，各方面的管理都有着严格的制度和规定。

上殿诵经是道士活动的基本内容，也是修行的主要形式。

做功课时，敲木鱼的是主持，一般是由祠内具有一定修养并熟悉经典的道士担任，他的位置叫主经。主经左右两侧分别是提科和表白，这是最重要的三个位置。在三人旁边搭配的是经师。法器都是老式的，木鱼旁边分别是钗子、铛、铃和鼓，摇铃的可以是一个也可以有两个，要求不严格。在前排站着诵经的都可称为经师，后面的叫跪经，一般情况下，诵经时下面会有跪经的，跪经的是道士也可以是信士。诵念经文大多平稳进行，与经文内容没有多大的关系，其节奏往往由木鱼击打的快慢控制。(图 39)

图 39　碧霞祠道场

宫观的经济来源，主要是香火钱及社会各界的捐助。目前香火年收入在 90 万元左右，这几年来香客一次捐舍香金最多的是四万元。收入除用于宫观的维修外，还用于社会捐助，几年来已向社会捐款 150 多万元，以用于扶贫救灾、兴教助学、慰问前方将士等。

现在的道士是有生活补贴的，也从香金中支出。补贴的发放，有相应的规定。现在实行的是道龄补贴每年 3 元，职务补贴 90 元，学历补贴每月 30 元，高山补贴每年 1.5 元，卫生费每月 20 元，基本生活费是 160 元。一般情况下，碧霞祠的道士，一个月可拿到 300—400 元的补助费。

祠内的道士两年有一次探亲家，可回家看看自己的父母及兄弟姐妹。每个道士的住宿，因职务的不同其住的位置、条件也有一定的差别。碧霞祠的生活区在碧霞祠的东面，为两进院，正门面南，白天一般不开，门为三间。门西一间为会议活动室，设有电视机一台，门东一间为挂单道士的住所。入门来有东西两配房，东为伙房，西为迎宾堂（接待室）；进入拱券圆门，就是后院，正房三间，张常明住持就住在这里。霍道长现住在正房的东耳房。东厢房的北部作仓库之用，南部是前来帮忙的坤道所住的地方。西厢房为张道长和李道长的住舍，每人一间，门庭共用。

在调查中，我们曾去了张道长和李道长的住舍，足以让我们改变一些对道士的理解和印象。以张道长为例，他住在西厢房的北侧，一进门，给人的第一感觉是素雅、整洁，床靠在西墙的北端，床上的被褥、床单、枕头整理得都非常整齐，整个房间打扫得也非常干净。墙上挂着一把宝剑，在床头旁的小条桌上，放着一盏别致的台灯，在灯的旁边还有一台小收音机。书桌紧靠在东面大窗子的下面，桌上置有书画毡，上面的书籍、笔墨纸张也摆放的井然有序。值得注意的是那桌子上的书籍，除一本习字用的柳公权字帖外，其它是《中国可以说不》、《拿破仑》、《毛泽东诗词》、《钢铁是怎样炼成的》等，这些都是我们所不曾料想的。

张道长的法名叫张承达，是宁夏西吉县人，14 岁出家，先后在陕西的终南山及北京的白云观修道学习。张道长的钢笔字写得很漂亮，讲话也非常有条理。

2. 碧霞祠的一天

每天清晨，低沉的钟声都会从碧霞祠传出，轻轻回荡在泰山之巅，无论人们理会于否，这钟声始终在年复一年地响着，这是碧霞祠"开静"的钟声，出家人一天的生活开始了。

据说，这钟声敲起是有很多讲究的，要敲三次，每次 27 下，共有九九 81 响，敲起来轻重缓急有着不少的说头。这钟声不响，是不能上堂念经、上香、朝拜的，敲钟的时间大致与日出的时间相同。

听到钟声，道士们就要起床，起床后洗刷完毕就要打开山门，接着在碧霞元君大殿开始诵经。诵经就是诵念经文，是道教斋醮中最普遍最常见的一种仪式，也叫功课。功课有早课、晚课之分，早上的为早功课，晚上的为晚功课，也叫作早坛、晚坛。午坛不是每天都设，而是在每月的初一、十五上殿。早坛诵经约一个小时，晚上是半坛约四十分钟。和其它宫观相比较，在诵经的程序上及用韵上有一定的差异。如北京白云观用的是北京韵，或是浙江韵，而碧霞祠用的是十方韵。要诵《泰山诰》，这也是碧霞祠与其它地方所不同的。《泰山诰》就是碧霞元君的诰，在早课中《玉皇诰》之后就是《泰山诰》。初一、十五及重大节日，《泰山诰》还要一句一拜。在晚坛中，与别处不同还有《求忏悔》。

要说碧霞祠最有特点的是在元君的圣诞。在三月初十四的晚坛中，要做祝寿文。祝寿的文字由高功用规整的蝇头小楷写在黄表纸上，诵完后升疏，就是将寿文焚烧（由住持拿着祝寿文，殿主用火点燃）。在三月十五的早坛中还要祝贺，念祝圣文。

早坛诵念《早坛功课经》，晚坛诵念《晚坛功课经》，诵经的程序是韵、咒、经、诰、咒等。早坛功课经主要是以增福增寿内容的经为主，是祈祥道场；晚坛诵经主要是以救苦解难为内容的经为主，是超度亡灵的道场。每逢每月的"戊日"休息，不上殿念经，但殿门照常开。

早坛下殿后吃饭，早饭一般是米饭、馒头，还有咸菜。在1997年秋的调查中，我们在碧霞祠吃了一次斋饭，是主人着意安排的，米饭是用绿豆、红小豆、花生米、江米做的，很好吃。饭做的稠了一点，用大白碗盛着，一人一碗，因米饭盛的很多，没有要馒头，菜是一碟小咸菜丝，由霍道长在迎宾堂陪我们。吃完早饭，道士及其他人员就按其分工，开始劳动。点香金的、打扫卫生的、干小卖部的等等，各就各位开始一天的工作。卖票的、检票的、看殿的在开山门后就已到位值班，分上午、下午两班轮换，全天有人值班。

有"公事"还要升表。也就是说，如有人要求做道场，说明愿望，交上一定的费用，就可为其建醮祈祷，费用一般是400—500元，多者不限，一般要求做的是吉祥道场，求平安，求发财。也有为父母超度亡灵的，这一般是在下午做。

午坛主要是念《三关经》，时间约半个小时。

午饭的主食是馒头、大米饭或包子，有一个菜。菜是素菜，主要是蔬菜，如土豆、茄子、粉皮、白菜、柿子、金针、蘑菇等，有时是混元菜，几种蔬菜混合食用。午饭后休息，二点半再上班。下午是五点半关山门，然后是晚坛。

晚坛后吃晚饭，晚饭是面条，一个菜。

晚饭后是集体活动和自由活动时间，学习经卷、看电视、看报纸以及学习道教的管理规定。每个星期的一、三、五是集体学习时间。其它是自由活动，有练气功的，有下象棋的，有吹笛拉二胡的，也有看电视的，练书法的，活动内容还算丰富。

晚上九点，钟声又响了，这是"止静"的钟声，道士们听到钟声，在祠外活动的要迅速回到祠中，在祠中的听到钟声，也停止言谈，准备就寝。一般是九点半上床休息，最晚不能超过十点。

结　语

　　碧霞祠止静的钟声响了，对泰山庙会的考察，至此告一段落。来去匆匆，不免会有很多的遗憾。

　　泰山庙会从它的孕育到发生、发展，经历了一个漫长的历史时期。对大山的崇拜是其信仰的源头，原始的自然崇拜，历代帝王的封禅告祭，成就了泰山所特有的文化形态，以至在华夏民族的心目中，泰山就是最高最大的山，是镇国之山。从宗教信仰的角度而言，对泰山的信仰就是对天、地的信仰，但这毕竟太抽象了，于是在特殊的文化氛围之中，造就了泰山之神，由此引出了东岳大帝、碧霞元君不少的说法与故事。这为泰山信仰广泛而深远地走向社会的各个阶层创造了条件。

　　如果以庙会文化产生的物质条件和信仰基础而言，泰山庙会有理由成熟于唐代或者更早。宗教祭祀活动是庙会形成的最初动因，庙宇的存在是庙会产生的物质依托，这些泰山都占有天时地利。自史前时期泰山的宗教活动就很兴盛，而泰山神的庙宇，至迟在汉代就已成"宫"。为什么这些优越条件的存在，并没有使庙会最早形成于泰山？我们说泰山庙会（东岳庙会），能走向全国，并在历史上留下了浓重的一笔，得益于泰山的宗教信仰，但同样受泰山宗教信仰的限制，也使得泰山庙会成熟较晚。

泰山宗教是以自然崇拜为基础，以宗法制为特征的传统宗教，有着一定的特殊性。它的这一特点决定了它政治化的模式，专制的社会结构，形成它特殊的宗教组织系统，国家政权系统维系着它的宗教行为，统治阶级是宗教活动的主体，这就大大限制了平民百姓这一庙会主体的参与。也可以说，统治者对泰山祭祀活动的专权，扼制了泰山庙会较早出现的可能性。同时，这一地区较为典型的小农经济思想，也限制了庙会活动的发生。

时值宋代，随着经济的发展，人们的社会意识发生了一定的变化，泰山祭祀的专权观念开始动摇，泰山神——东岳大帝的足迹开始遍及大江南北，孕育已久的以平民为主体的广泛而自觉的祭祀活动，终于出现于庙中。来的人多了，来的人常了，庙事活动也便兴盛起来，以至吃、喝、娱乐等等一些附属性的活动也便自然而然地发展起来。由于泰山信仰的影响大、涉及面也广，走向全国的东岳庙，一年一度的庙会也同泰山的庙会一样，红红火火地开展起来。

现在的庙会，通过有意识的"嫁接"，也使人们从中体味到古之庙会的一些凤韵。然而，逝者如斯夫。山虽然还是那座山，庙还是那座庙，无奈人们的观念已发生了质的变化，往昔热闹的庙会场面仅能留在老年人记忆中的结局，已是不可避免。

后　记

　　没有想到，这本小册子竟写了大半年。一是苦于身不由己的时间，再就是被资料所困惑。泰山是名山，泰山庙会的影响也很大，但散见于游记、小说、杂文中的点滴文字，很难使你成书，于是只有在口碑中寻求出路了。因此，这本书与其说是写出来的，不如说是访出来的。

　　书已成，可以交差了，但应当记一下的还有那些书外人。在采访过程中，老人们都是那样的善良和热情。柳方梧先生，毫不保留地拿出了搜集多年的珍贵资料；朱宝琪先生，不厌其烦的一次次到现场核实有关事项；邵明坤先生，自始至终给予鼓励并提供了部分文字资料；碧霞祠的道长们，也以他们特有的方式给予了支持。在成书过程中，叶涛先生，对本书的纲目提出了指导性的意见；周庆超同志，不但随同采访，而且还整理了几十小时的采访录音；爱妻爱华，在文字的录入及修改方面，也费了不少的心血。

在照片的搜集中，泰安市博物馆资料研究室提供了部分资料；一些有心的摄影家，也为当时有意思的瞬间留下了画面；宋其忠、王杰、姜海潮、张登山、王长民、丛军等诸先生的影作，也为本书增色不少。

在此，一并表示衷心的谢意！